留学生のための 簿記3級 ワークブック

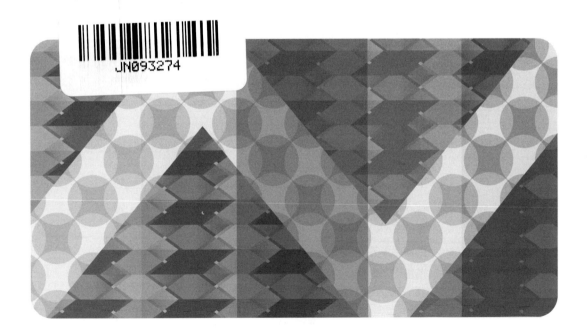

JN093274

CUTT
カットシステム

もくじ

本書に掲載している問題の「解答ファイル」は、以下のURLからダウンロードできます。

解答ファイルのダウンロードURL

https://cutt.jp/books/978-4-87783-704-4

簿記一巡の手続

1-1 簿記とは

　簿記は、企業が行った経済活動を記録して、会計期間ごとに集計して、会計期末にどれだけの財産を持っているかと、どれだけ儲けたかを利害関係者に対して報告すると同時に、経営管理や財産を保全するために実施されます。簿記は、経済活動を記録して、集計して、報告することによって、企業内外の利害関係者に対して重要な資料を提供します。

　簿記は適用される業種によって、さまざまな種類に分類することができる。例を挙げると、商業のための**商業簿記**、製造業のための**工業簿記**、建設業のための**建設業簿記**、銀行業のための**銀行簿記**、農業のための**農業簿記**など、さまざまな種類があります。これらはそれぞれの業種によって経済活動が異なるため、簿記処理の重点が異なることから生じたもので、簿記の基本的なルールには違いはありません。たとえば、商業簿記では商品の売買に重点を置きますが、工業簿記では製品の製造・販売に重点を置きます。

　日本商工会議所の簿記検定では、簿記初級は個人で商業を営む企業の商業簿記を、3級では小規模な株式会社形態で商業を営む企業の商業簿記を対象としています。2級以上では株式会社形態で商業を営む企業の商業簿記と製造業を営む企業の工業簿記を扱います。本書は3級を対象としますので、小規模な商業を営む株式会社の商業簿記を学習します。

　簿記の目的は、**貸借対照表**によってどれだけの財産を持っているか（**財政状態**）を明らかにし、**損益計算書**によってどれだけ儲けたか（**経営成績**）を明らかにすることにあります。株主や投資家、銀行などの金融機関は、これらの財務諸表によって、投資をするかの判断や融資をするかの判断を行います。また経営者は、経営管理のために役立てます。

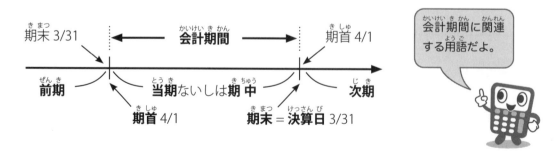

会計期間に関連する用語だよ。

　簿記では、企業が継続して営業を続けることを前提に考えていますから、貸借対照表や損益計算書などの財務諸表は一定の期間を区切って作成されます。その期間を、**会計期間**といいま

す。会計期間は、通常 1 年です。個人企業は 1 月 1 日から 12 月 31 日を、株式会社は自由に設定できますが、多くの企業は 4 月 1 日から 3 月 31 日までの 1 年間を会計期間としています。

1-2 会計帳簿

　簿記では、経済活動を記録して集計するために**会計帳簿**を使います。会計帳簿には、主要簿と補助簿があります。

　主要簿は、経済活動を記録、集計するために、経理部などの会計担当者が記入する帳簿で、仕訳帳と総勘定元帳があります。**仕訳帳**は、仕訳日記帳とも言って、経済活動を発生順に記録する帳簿で、**総勘定元帳（元帳）**は、元帳とも言って、経済活動を勘定科目ごとに集計する帳簿です。主要簿の記入の仕方については、この後 1-4 で練習します。

　補助簿は、主要簿を補完する帳簿で、補助記入帳と補助元帳があります。**補助記入帳**には、現金出納帳、当座預金出納帳、小口現金出納帳、仕入帳、売上帳、受取手形記入帳、支払手形記入帳などがあり、総勘定元帳のそれぞれの勘定と同じ記入をそれぞれの担当者が記入する帳簿です。**補助元帳**には、売掛金元帳、買掛金元帳、商品有高帳、固定資産台帳などがあり、総勘定元帳のそれぞれの勘定の明細をそれぞれの担当者が記入する帳簿です。補助簿の記入については、それぞれ該当する勘定科目を説明するときに練習します。

　主要簿と補助簿の関係は、つぎの図のようになります。取引が発生すると、主要簿である仕訳帳に仕訳されると同時に、特定の勘定科目が含まれる取引についてはその勘定科目に係わる補助記入帳にも記入されます。そして仕訳帳に仕訳された取引は、総勘定元帳に転記されます。このとき特定の勘定科目については、補助元帳にも記入されます。たとえば、売掛金や買掛金は、相手の会社ごとに記入されます。主要簿は会計担当者が記入し、補助簿はそれぞれの担当者が記入するので、同じ取引を異なる担当者が異なる帳簿に記入することによって、会計帳簿の信頼性を確保しています。また、補助簿が設けられる勘定科目は会社にとって重要な勘定科目なので、それらがちゃんと帳簿どおり手元にあるか管理する目的もあります。

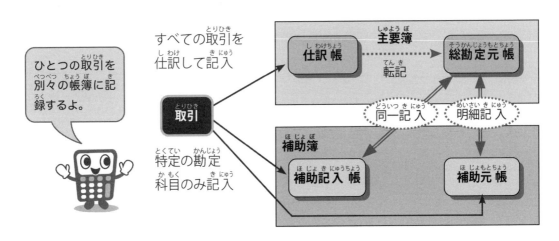

　会計帳簿に記録して集計したデータを報告するためには、貸借対照表や損益計算書などの財務諸表を使います。**貸借対照表**は企業の一定時点（通常、決算日）にどれだけの財産があるか（財政状態）を表示する報告書で、**損益計算書**は企業の一定期間にどれだけ儲けたか（経営成績）を表示する報告書です。貸借対照表や損益計算書などの報告書（**財務表**）を総称して、**財務諸表**といいます。財務諸表にはこのほかに、キャッシュ・フロー計算書などがありますが、それらは2級以上の簿記で扱うので、本書では扱いません。また、簿記初級では規模が小さい個人企業を対象としていましたが、3級ではもう少し規模が大きい株式会社を対象とします。そこで本書では、このような株式会社が作成する財務諸表の作成の基礎を学習します。

　貸借対照表は、借方に資産、貸方に負債と純資産を表示することによって財政状態を報告します。このように借方と貸方に対比させて表示する書式を**勘定式**といいます。このほかに**報告式**という書式があります。本書では勘定式を学習します。貸借対照表を作成するときに注意することは、資産と負債は流動性の高いものから順に表示すること、貸倒引当金と減価償却累計額のような資産の評価勘定はそれぞれの資産から控除するかたちで表示すること、繰越商品勘定は商品という名称で表示することです。

　純資産は、個人企業と株式会社では表示項目が違います。個人企業では、資本金だけで、当期純利益は資本金の当期中の増加額として、期首の資本金と並べて表示します。これに対して株式会社では、資本金のほかに、利益準備金、繰越利益剰余金といった項目があります。当期純利益は、繰越利益剰余金の一部として表示されます。

貸 借 対 照 表

CS産業株式会社 　　令和○年3月31日 　　（単位：円）

資産		金額	負債および純資産	金額
現　　　金		150,000	買　掛　金	700,000
当座預金		450,000	未払法人税等	100,000
売　掛　金	700,000		資　本　金	1,000,000
貸倒引当金	35,000	665,000	利益準備金	100,000
商　　　品		200,000	繰越利益剰余金	305,000
貸　付　金		100,000		
建　　　物	800,000			600,000
減価償却累計額	280,000	520,000		
備　　　品	300,000			160,000
減価償却累計額	180,000	120,000		
		2,205,000		2,205,000

---

memo　資産は流動資産、固定資産、負債は流動負債、固定負債の順に表示します。
これを流動性配列法といいますが、流動性というのは、他の勘定科目に変わるスピードが速いということで、通常の商品売買取引の中で使われる勘定科目であるか、1年以内に他の勘定科目に変わるようなものは、流動資産・流動負債として扱われます。
また、貸倒引当金と減価償却累計額は資産の勘定ですが、評価勘定といって、資産とは逆で、貸方が増加で借方が減少の勘定です。試算表や精算表を作成するときは、負債のところに表示しますが、貸借対照表では、資産から控除するかたちで表示します。

　　損益計算書は、貸方に収益、借方に費用を表示することで、その差額として、当期純利益または当期純損失を表示し、経営成績を報告します。損益計算書を作成するとき注意することは、売上高勘定を売上高、決算整理後の仕入勘定は売上原価と表示することです。収益と費用は、営業取引（商品売買取引）に関係が深いものから順に表示します。またここに表示される当期純利益は、法人税、住民税及び事業税といった利益から控除される税金を差し引いた後の利益（税引後当期純利益）です。

損益計算書

CS産業株式会社　令和◇年4月1日から令和○年3月31日まで　（単位：円）

費用	金額	収益	金額
売上原価	1,650,000	売上高	2,300,000
給料	408,000	受取手数料	90,000
貸倒引当金繰入	27,000		
減価償却費	100,000		
法人税、住民税及び事業税	100,000		
当期純利益	**205,000**		
	2,390,000		2,390,000

1-4　簿記一巡の手続

　簿記では、企業の財政状態および経営成績を報告するため、企業の経済活動を記録し、集計して、貸借対照表と損益計算書を作成します。そのために、会計担当者は毎日、会計期間中に発生した取引を仕訳帳に仕訳し、総勘定元帳に転記し、記録する作業を繰り返し行います。これは日常的な記帳手続です。そして年度末に、この手続きによって作成した総勘定元帳の記録をもとにして、貸借対照表と損益計算書を作成します。この手続きが**決算手続**で、この手続きを実施することを**決算**といい、この手続を実施する日を**決算日**といいます。

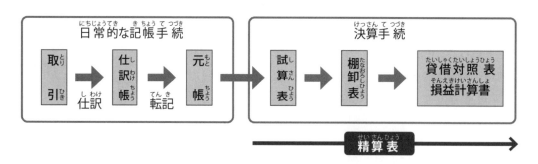

　決算は通常、3つのステップで行われます。決算予備手続、決算本手続、財務諸表の作成というステップです。ここで示す決算の方法は、英米式決算法といいます。

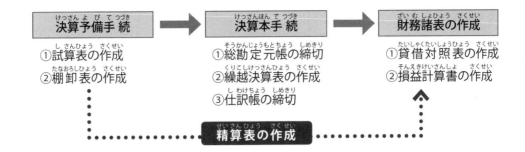

　決算予備手続は、つぎの本手続を行うための重要な準備段階で、総勘定元帳の記録が正確であるか否かを確認するための手続きで、つぎのような作業が行われます。

① 試算表の作成 …… 仕訳帳から総勘定元帳への転記が正しく行われているかを確認するために、試算表を作成します。
② 棚卸表の作成 …… 決算整理事項を一覧表（これを棚卸表という）にまとめ、決算整理仕訳をし、総勘定元帳に転記します。

　決算予備手続が終了すると、引き続き決算本手続を行います。これは、決算整理を行った後の総勘定元帳や仕訳帳などの会計帳簿を締切る手続きです。

① 総勘定元帳の締切 …… 収益・費用の各勘定の残高を損益勘定に振替えて締切り、損益勘定残高を繰越利益剰余金勘定（個人企業では、資本金勘定）に振替えて締切り、資産・負債・純資産の各勘定の残高を次期に繰越して締切ります。
② 繰越試算表の作成 …… 総勘定元帳の資産・負債・純資産の各勘定の残高から試算表（繰越試算表）を作成して、総勘定元帳の締切りが正しく行われたか確認します。
③ 仕訳帳の締切 ………… 仕訳帳を締切ります。

　そして決算手続の最終段階は、財務諸表、すなわち貸借対照表と損益計算書の作成です。貸借対照表は、総勘定元帳の資産、負債、純資産の各勘定の残高、あるいは繰越試算表を基に作成します。また損益計算書は、総勘定元帳の収益と費用の各勘定の残高、あるいは損益勘定を基に作成します。

　これらと同時並行して、決算手続を一覧表で概観するために、決算予備手続で作成した残高試算表をもとに精算表を作成することがあります。

　それでは、簡単な例を使って、簿記一巡の手続きを説明します。CS 産業株式会社は 4 月1 日から 3 月 31 日までの 1 年間を会計期間とする会社です。前期から繰り越された当期期首

の各勘定の残高はつぎのとおりとします。

前期繰越高（単位：円）

| 現　　　　金 | 80,000 | 売　掛　金 | 70,000 | 備　　　　品 | 40,000 |
| 買　掛　金 | 60,000 | 資　本　金 | 100,000 | 繰越利益剰余金 | 30,000 |

　総勘定元帳の前期から繰越がある勘定に、4月1日の日付で、前期からの繰越高を記入します。資産の勘定は借方、負債と純資産の勘定は貸方に記入します。これらは仕訳帳からの転記ではないので、仕丁欄には✓（チェックマーク）を付けます。記入したら、借方に記入したものの合計と貸方に記入したものの合計が一致するかを確認してください。

　つぎに、仕訳帳の最初の行に、4月1日の日付で、各勘定科目の前期からの繰越高の合計を借方と貸方に記入します。総勘定元帳への転記はしないので、元丁欄には✓を付けます。この記入をすることによって、仕訳帳の期中取引の合計が、合計試算表の合計と一致します。

借方：現金 80,000 円 ＋ 売掛金 70,000 円 ＋ 備品 40,000 円 ＝ 190,000 円
貸方：買掛金 60,000 円 ＋ 資本金 100,000 円 ＋ 繰越利益剰余金 30,000 円 ＝ 190,000 円

　元丁欄と仕丁欄に✓を付けるのは、これらの欄には転記漏れを防ぐために、転記先の元帳と仕訳帳のページ数を記入しますが、この場合は転記でないのでページがありません。空欄にしておくと、転記漏れと区別がつかないので、✓を付けます。

　なお、これらの記入は前期に仕訳帳と総勘定元帳を締め切るときに行うので、実際にはこれらはすでに記入済みになっています。また、このような繰越の記入がされるのは、資産、負債、純資産の貸借対照表の科目で、収益、費用の損益計算書の科目は繰越の記入はしません。

現　　金 　　　　　　　　1

日付		摘　要	仕丁	借　方	日付		摘　要	仕丁	貸　方
4	1	前期繰越	✓	80,000					

売　掛　金 　　　　　　　2

日付		摘　要	仕丁	借　方	日付		摘　要	仕丁	貸　方
4	1	前期繰越	✓	70,000					

備　品 　　　　　　　　　3

日付		摘　要	仕丁	借　方	日付		摘　要	仕丁	貸　方
4	1	前期繰越	✓	40,000					

買　掛　金　11

日付	摘　要	仕丁	借　方	日付	摘　要	仕丁	貸　方
				4　1	前期繰越	✓	60,000

資　本　金　21

日付	摘　要	仕丁	借　方	日付	摘　要	仕丁	貸　方
				4　1	前期繰越	✓	100,000

繰越利益剰余金　22

日付	摘　要	仕丁	借　方	日付	摘　要	仕丁	貸　方
				4　1	前期繰越	✓	30,000

仕　訳　帳　1

日付	摘　要	仕丁	借　方	貸　方
4　1	前期繰越	✓	190,000	190,000

注）太字の部分が記入する箇所です。以下の説明では新しく記入するところを太字で示します。

　以上が開始記入です。つぎに、期中取引の記入をしてみましょう。以下のような5つの期中取引が行われたとして記入をしてみましょう。

〔期中取引〕

　4/2　商品300,000円を掛けで仕入れ、引取運賃10,000円は現金で支払った。

　7/5　商品450,000円を販売し、代金のうち50,000円は現金で受け取り、残額は掛けとした。

　9/10　売掛金400,000円を現金で回収した。

　11/22　買掛金300,000円を現金で支払った。

　3/25　給料80,000円を現金で支払った。

4/2の記帳：まず仕訳帳に、4/2の日付で、仕訳をします。日付欄は前期繰越の記入と月が同じなので省略して、日にちだけを記入します。借方が仕入で310,000円、貸方が買掛金300,000円と現金10,000円なので、それぞれの勘定科目ごとに1行ずつ使って記入します。勘定科目は、摘要欄を半分に分けて、左側に借方の勘定科目、右側に貸方の勘定科目を、カッコをつけて記入します。どちらかの勘定科目が2つ以上になるときには、最初の行に「諸口」と記入します。借方と貸方の両方が2つ以上になるときには、最初の行には勘定科目を記入し

ないで、両方に「諸口」と記入します。金額は、借方勘定科目は借方欄に、貸方勘定科目は貸方欄に記入します。金額を記入するときは、桁を揃えて、3桁ごとにカンマを付けると、見やすくなります。最後に、取引の内容を要約して、小書きを記入します。通常の文字は、欄の3分の2くらいの大きさで下の罫線に詰めて記入しますが、小書きは2分の1くらいの大きさで記入します。また、金額欄には数値のみ記入し、単位は記入しません。

仕 訳 帳

	日付		摘 要	仕丁	借 方	貸 方
4	1		前期繰越	✓	190,000	190,000
	2	（仕 入）	諸 口	41	310,000	
			（買 掛 金）	11		300,000
			（現 金）	1		10,000
		商品掛仕入、引取運賃現金払い				

つぎに、借方に仕訳した「仕入」を総勘定元帳の仕入勘定の借方に、4/2の日付で310,000円を記入し、摘要欄には仕訳の相手勘定科目を記入します。この場合、相手勘定が2つあるので、「諸口」と記入します。記入が終わったら、仕訳帳の元丁欄に仕入勘定のページ数「41」を記入し、総勘定元帳の仕入勘定の仕丁欄に仕訳帳のページ数「1」を記入します。これを記入することで、転記漏れがないことを確認できます。

同様に、貸方に仕訳した「現金」と「買掛金」も、総勘定元帳の現金勘定と買掛金勘定の貸方に記入します。現金勘定の貸方の記入は、行を空けないで上から順に記入します。

仕 入　　41

日付		摘 要	仕丁	借 方	日付		摘 要	仕丁	貸 方
4	2	諸口	1	310,000					

現 金　　1

日付		摘 要	仕丁	借 方	日付		摘 要	仕丁	貸 方
4	1	前期繰越	✓	80,000	4	2	仕入	1	10,000

買 掛 金　　　　　　　　　11

日付	摘　要	仕丁	借　方	日付	摘　要	仕丁	貸　方
				4	1	前期繰越	✓	10,000
					2	仕入	1	300,000

7/5 の記帳：7/5 の記入も、4/2 と同じように行いますが、その前に仕訳帳で 4/2 と 7/5 の記入を区別するために、摘要欄に実線を引いてから仕訳の記入をします。借方の勘定科目が 2 つあるので、最初の行には貸方の勘定科目と借方に「諸口」を記入します。普通は借方から仕訳の記入をしますが、このように借方の勘定科目が 2 つ以上あって貸方が 1 つの場合は、貸方の記入から行います。転記をするとき、借方と貸方を間違えないようにしましょう。転記が終わったら、元丁欄と仕丁欄にそれぞれのページ数を忘れずに記入しましょう。

仕 訳 帳　　　　　　　　　1

日付	摘　要	仕丁	借　方	貸　方
〜	〜	〜	〜	〜
	商品掛仕入、引取運賃現金払い			
7　5	諸　口　　（売　　上）	31		450,000
	（現　　金）	1	50,000	
	（売　掛　金）	2	400,000	
	商品現金、掛売上			

売 上　　　　　　　　　31

日付	摘　要	仕丁	借　方	日付	摘　要	仕丁	貸　方
				7	5	諸口	1	450,000

現 金　　　　　　　　　1

日付	摘　要	仕丁	借　方	日付	摘　要	仕丁	貸　方
4	1	前期繰越	✓	80,000	4	2	仕入	1	10,000
7	5	売上	1	50,000					

売　掛　金 　　　1

日付		摘　要	仕丁	借　方	日付		摘　要	仕丁	貸　方
4	1	前期繰越	✓	70,000					
7	**5**	**売上**	**1**	**400,000**					

9/10の記帳：仕訳したとき、勘定科目が借方と貸方にひとつずつです。借方から順番に記入してください。総勘定元帳の現金勘定借方の仕丁欄の記入は、「1」で上と同じです。このような場合は、同上を表す記号「〃」（ディットマーク）を付けます。「〃」は金額欄以外で使うことができます。

仕　訳　帳 　　　1

日付		摘　要	仕丁	借　方	貸　方
〰	〰	〰〰〰〰〰〰〰	〰	〰〰〰	〰〰〰
		商品現金、掛売上			
9	**10**	（現　　　金）	**1**	400,000	
		（売　掛　金）	**2**		400,000
		売掛金現金受け取り			

現　金 　　　1

日付		摘　要	仕丁	借　方	日付		摘　要	仕丁	貸　方
4	1	前期繰越	✓	80,000	4	2	仕入	1	10,000
7	5	売上	1	50,000					
9	**10**	**売掛金**	**〃**	**400,000**					

売　掛　金 　　　2

日付		摘　要	仕丁	借　方	日付		摘　要	仕丁	貸　方
4	1	前期繰越	✓	70,000	**9**	**10**	**現金**	**1**	**400,000**
7	5	売上	1	400,000					

11/22 の記帳：これまでと同じように、注意して記入しましょう。

仕 訳 帳 　　　　　　　　　1

日付		摘　要	仕丁	借　方	貸　方
〜〜	〜〜	〜〜〜〜〜〜〜〜	〜〜	〜〜〜〜	〜〜〜〜
		売掛金現金受け取り			
11	22	（ 買 掛 金 ）	11	300,000	
		（ 現 　 金 ）	1		300,000
		売掛金現金受け取り			

買 掛 金 　　　　　　　　11

日付		摘　要	仕丁	借　方	日付		摘　要	仕丁	貸　方
11	22	現金	1	300,000	4	1	前期繰越	✓	60,000
						2	仕入	1	300,000

現 金 　　　　　　　　　1

日付		摘　要	仕丁	借　方	日付		摘　要	仕丁	貸　方
4	1	前期繰越	✓	80,000	4	2	仕入	1	10,000
7	5	売上	1	50,000	11	22	**買掛金**	〃	**300,000**
9	10	売掛金	〃	400,000					

3/25 の記帳：これまでと同じように、注意して記入しましょう。

仕 訳 帳

日付	摘 要	仕丁	借 方	貸 方
～～	～～～～～	～	～～～	～～～
	買掛金現金支払い			
3 25	（ 給　　料 ）	42	80,000	
	（ 現　　　金 ）	1		80,000
	給 料現金支払い			

1

給 料

日付	摘 要	仕丁	借 方	日付	摘 要	仕丁	貸 方
3 25	現金	1	80,000				

42

現 金

日付	摘 要	仕丁	借 方	日付	摘 要	仕丁	貸 方
4 1	前期繰越	✓	80,000	4 2	仕入	1	10,000
7 5	売上	1	50,000	11 22	買掛金	〃	300,000
9 10	売掛金	〃	400,000	3 25	給料	〃	80,000

1

　期中取引の記帳は以上のように行います。試験などで問題を解くときに帳簿がない場合は、仕訳はそのまま行って、総勘定元帳はＴ勘定を使って計算するとミスが少なくなります。Ｔ勘定は標準式の元帳を簡略化したものです。

　この後決算手続に入り、期中取引が正しく行われているかどうかを確認するために、試算表を作成し、決算整理事項を仕訳して、元帳残高を修正して、仕訳帳と総勘定元帳を締め切って、貸借対照表と損益計算書を作成します。そのときに精算表を作成することもあります。これらについては後ほど（Step12）で説明します。

memo 簿記で使う略号を覚えよう。

B/S：貸借対照表（Balance Sheet）
P/L：損益計算書（Profit and Loss statement）
a/c：勘定（account）（現金勘定 ⇒ 現金a/cのように使う）
✓：チェックマーク（転記しないときに、元丁欄、仕丁欄に記入）
〃：ディットマーク（同上：日付欄、摘要欄で上と同じ時に記入）
@：アットマーク（単位当たり：@¥100 ⇒ 1単位あたり100円）
¥：円記号（貨幣の単位：¥1,000 ⇒ 1,000円）

練習問題

1 以下に示す株式会社 CS 商事の資料から、開始記入と期中取引を仕訳帳と総勘定元帳に記入しなさい。会計期間は、令和◇年 4 月 1 日から令和○年 3 月 31 日までの 1 年間である。

〔資料〕
〔前期繰越高〕

現 金	180,000 円	売 掛 金	190,000 円	備 品	100,000 円
減価償却累計額	20,000 円	買 掛 金	180,000 円	資 本 金	200,000 円
繰越利益剰余金	70,000 円				

〔期中取引〕

4/16 商品 300,000 円を仕入れ、代金は掛とした。

6/ 9 商品 460,000 円を掛で販売した。

8/ 3 土地 130,000 円を購入し、代金は現金で支払った。

10/15 売掛金 500,000 円を現金で回収した。

12/30 買掛金 400,000 円を現金で支払った。

3/25 給料 80,000 円を現金で支払った。

仕 訳 帳   1

日付	摘 要	元丁	借 方	貸 方

総勘定元帳

現　金　　　　　　　　　　　　　　　　　　　　　　　　　　　　1

日付	摘　要	仕丁	借　方	日付	摘　要	仕丁	貸　方

売　掛　金　　　　　　　　　　　　　　　　　　　　　　　　　2

日付	摘　要	仕丁	借　方	日付	摘　要	仕丁	貸　方

備　品　　　　　　　　　　　　　　　　　　　　　　　　　　　3

日付	摘　要	仕丁	借　方	日付	摘　要	仕丁	貸　方

減価償却累計額　　　　　　　　　　　　　　　　　　　　　　　4

日付	摘　要	仕丁	借　方	日付	摘　要	仕丁	貸　方

土地 (と ち)　5

日付 ひづけ	摘 要 てき よう	仕 丁 し ちょう	借 方 かり かた	日付 ひづけ	摘 要 てき よう	仕 丁 し ちょう	貸 方 かし かた

買 掛 金 (かい かけ きん)　11

日付 ひづけ	摘 要 てき よう	仕 丁 し ちょう	借 方 かり かた	日付 ひづけ	摘 要 てき よう	仕 丁 し ちょう	貸 方 かし かた

資 本 金 (し ほん きん)　21

日付 ひづけ	摘 要 てき よう	仕 丁 し ちょう	借 方 かり かた	日付 ひづけ	摘 要 てき よう	仕 丁 し ちょう	貸 方 かし かた

繰越利益剰余金 (くりこし り えきじょう よ きん)　22

日付 ひづけ	摘 要 てき よう	仕 丁 し ちょう	借 方 かり かた	日付 ひづけ	摘 要 てき よう	仕 丁 し ちょう	貸 方 かし かた

売 上 (うり あげ)　31

日付 ひづけ	摘 要 てき よう	仕 丁 し ちょう	借 方 かり かた	日付 ひづけ	摘 要 てき よう	仕 丁 し ちょう	貸 方 かし かた

仕 入 (し いれ)　41

日付 ひづけ	摘 要 てき よう	仕 丁 し ちょう	借 方 かり かた	日付 ひづけ	摘 要 てき よう	仕 丁 し ちょう	貸 方 かし かた

給　料

日付	摘　要	仕丁	借　方	日付	摘　要	仕丁	貸　方

---

memo 帳簿の1ページ当たりの行数は決まっているので、そのページに記入できないときはつぎのページに記入します。そのときにはそこまでの貸借の金額欄の合計を出して、それをつぎのページに繰越します。仕訳帳のページの繰越の例を挙げるとつぎのようになります。「次ページへ繰越」は最後の行、「前ページより繰越」は最初の行に記入します。空欄ができる場合には摘要欄に斜線を引きます。

仕　訳　帳　　5

日付	摘　要	仕丁	借　方	貸　方
	〜〜〜〜〜			
	買掛金現金支払い			
	次ページへ繰越	✓	1,230,000	1,230,000

仕　訳　帳　　6

日付	摘　要	仕丁	借　方	貸　方
	前ページより繰越	✓	1,230,000	1,230,000

Step 02 現金・預金

2-1 現金

　一般的には通貨のことをいいますが、簿記では通貨だけではなく、通貨代用証券も現金として扱います。通貨とは現在流通している紙幣および硬貨であり、通貨代用証券とは他人振出小切手、送金小切手、郵便為替証書、株式配当金領収書などの証券のことをいいます。通貨代用証券は銀行や郵便局などで換金が可能であり、通貨と同じように流通させることができるので、簿記では現金として扱います。

　現金の取引は**現金勘定**（資産）で処理します。代金の受取りなどのため通貨あるいは通貨代用証券を受取ったときには、現金の増加として現金勘定の借方に記入し、代金の支払いなどのためにそれらを第三者に渡したときには、現金の減少として現金勘定の貸方に記入します。この関係を図示すると、つぎのようになります。

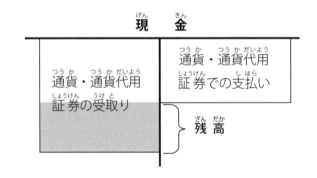

2-2 現金出納帳

　現金の取引は、会社の中では重要な取引なので、主要簿である仕訳帳と総勘定元帳に会計係が記帳するだけでなく、現金出納係によって現金出納帳にも記入します。**現金出納帳**は、現金の出し入れを管理するために現金出納係によって記帳される補助簿（補助記入帳）です。現金出納帳を作成することによって、会計係だけでなく、現金出納係にも、現金の出し入れの詳細（現金収支の記録）が残ります。現金出納係は一定期間ごとに金庫の中の在高（実際在高）と現金出納帳の在高（帳簿在高）を照合することによって、正しい現金在高（現金手元在高）を知ることができ、現金の管理を行なうことができます。また、会計係が作成した総勘定元帳の現金勘定と照合することにより、誤謬や不正を防止することができます。

24

総勘定元帳はふつう、前章で示したような帳簿の左右に借方と貸方の記入欄を設ける標準式といわれる形式の帳簿を用いますが、現金出納帳などの補助簿は取引ごとに残高を表示する残高式といわれる形式の帳簿を用います。また、簿記の練習や問題を解くための計算用には、標準式の帳簿を簡略化したＴ勘定と呼ばれる略式の勘定を用います。

標準式の帳簿

日付	摘　要	仕丁	借　方	日付	摘　要	仕丁	貸　方

残高式の帳簿

日付	摘　要	借　方	貸　方	借／貸	残　高

　それでは、つぎの取引例を使って、現金の仕訳と総勘定元帳の現金勘定（Ｔ勘定）への転記および現金出納帳の記入を説明しましょう

〔取引例〕

4/ 1	前月繰越高　120,000 円
6	備品 30,000 円を現金で購入した。
8	仲介手数料を先方振出しの小切手 20,000 円で受取った。
10	水道光熱費 4,500 円を現金で支払った。
18	貸付金の利息 5,000 円として、郵便為替証書を受取った。
24	交通費 15,000 円を現金で支払った。
30	雑費 3,500 円を現金で支払った。

　上記の取引例を仕訳し、現金勘定に転記すると、つぎのようになります。

4/1	仕訳なし			
6	（備　　　品）	30,000	（現　　　金）	30,000
8	（現　　　金）	20,000	（受取手数料）	20,000
10	（水道光熱費）	4,500	（現　　　金）	4,500
18	（現　　　金）	5,000	（受取利息）	5,000
24	（交　通　費）	15,000	（現　　　金）	15,000

30	（雑　　　　費）	3,500	（現　　　　金）	3,500

現　金

4/ 1	前期繰越	120,000	4/ 6	備品	30,000
8	受取手数料	20,000	10	水道光熱費	4,500
18	受取利息	5,000	24	交通費	15,000
			30	雑費	3,500

　総勘定元帳の記入は会計期間を通して行うので、月次での繰越、締切りはしません。本例では会計期間が示してないのですが、便宜上、4月1日を期首として記入しました。日付、摘要（相手勘定科目）および金額を記入します。他人が振り出した小切手、郵便為替証書は通貨代用証券なので、現金として処理します。

　つぎに現金出納帳を記入してみましょう。現金出納帳は管理目的で記帳されるので、一定期間（通常、1か月）ごとに締め切りを行い、残高をチェックします。摘要欄には取引の内容を短くまとめて記入します。会計係が記入するように仕訳を転記するのではなく、現金出納係が現金の増減を直接に記入するので、相手勘定科目を記入するのではなく、取引の内容を短くまとめて記入します。

　4/1 は、繰越高を前月からの受入れとして、収入欄と残高欄に記入します。それ以降の取引は、現金を受け取ったときは収入欄に、支払ったときは支出欄に記入して、残高欄には前の残高に加減して新しい残高を記入します。締め切るときには月末の日付で、直前の残高を支出欄に「次月繰越」として記入して、収入欄と支出欄に一重線（合計線）を引いて、それぞれの合計を求めて、一致することを確認して、日付欄と金額欄に二重線（締切線）を引いて締め切ります。一致しない場合はどこかに間違いがありますから、原因を調査します。締め切りが終わったら、つぎの月の開始の記入をしておきます。通常開始の記入は前月末に行います。

現金出納帳（げんきんすいとうちょう）

日付		摘要（てきよう）	収入（しゅうにゅう）	支出（ししゅつ）	残高（ざんだか）
4	1	前月繰越（ぜんげつくりこし）	120,000		120,000
	6	備品の購入（びひんのこうにゅう）		30,000	90,000
	8	手数料の受取り（てすうりょうのうけとり）	20,000		110,000
	10	水道光熱費の支払い（すいどうこうねつひのしはらい）		4,500	105,500
	18	利息の受取り（りそくのうけとり）	5,000		110,500
	24	交通費の支払い（こうつうひのしはらい）		15,000	95,500
	30	雑費の支払い（ざっぴのしはらい）		3,500	92,000
	30	**次月繰越（じげつくりこし）**		**92,000**	
			145,000	145,000	
5	1	前月繰越（ぜんげつくりこし）	92,000		92,000

　総勘定元帳（そうかんじょうもとちょう）の現金勘定（げんきんかんじょう）と比（くら）べてみてください。現金の増加（ぞうか）は現金勘定の借方（かりかた）と現金出納帳（げんきんすいとうちょう）の収入欄（しゅうにゅうらん）に、現金の減少（げんしょう）は現金勘定の貸方（かしかた）と現金出納帳勘定（げんきんすいとうちょうかんじょう）の支出欄（ししゅつらん）に記入（きにゅう）されます。同（おな）じ記入が、別々（べつべつ）の担当者（たんとうしゃ）によって行（おこな）われます。このことによって、不一致（ふいっち）があれば、担当者の誤謬（ごびゅう）や不正（ふせい）が発見（はっけん）できます。このような機能（きのう）を自己牽制機能（じこけんせいきのう）といって、複式簿記（ふくしきぼき）の特徴（とくちょう）のひとつです。

2-3　現金過不足の処理（げんきんかぶそくのしょり）

　現金（げんきん）は、会計係（かいけいがかり）が仕訳帳（しわけちょう）に仕訳（しわけ）し総勘定元帳（そうかんじょうもとちょう）に転記（てんき）することによって現金勘定（げんきんかんじょう）に記録（きろく）すると同時（どうじ）に、現金出納係（げんきんすいとうがかり）が現金出納帳（げんきんすいとうちょう）を記入（きにゅう）して現金収支（げんきんしゅうし）の明細（めいさい）、現金手許在高（げんきんてもとありだか）を把握（はあく）することで現金の管理（かんり）をします。現金は代金（だいきん）の支払（しはら）いや受取（うけと）りのために重要（じゅうよう）な資産（しさん）であり、うまく管理（かんり）しないと企業（きぎょう）が倒産（とうさん）することにもなります。そのため現金は定期的（ていきてき）に棚卸（たなおろ）しをして、実際在高（じっさいありだか）を把握（はあく）します。ところがこの実際在高（じっさいありだか）と現金勘定（げんきんかんじょう）あるいは現金出納帳（げんきんすいとうちょう）の在高（ありだか）（帳簿在高（ちょうぼありだか））が一致（いっち）しないことがあります。この差額（さがく）はその原因（げんいん）が分（わ）かれば、すぐにその勘定（かんじょう）で処理（しょり）しますが、分からない場合（ばあい）は、原因（げんいん）が判明（はんめい）するまで一時的（いちじてき）に**現金過不足勘定（げんきんかぶそくかんじょう）**で処理（しょり）し、原因（げんいん）を調査（ちょうさ）します。

　現金過不足勘定（げんきんかぶそくかんじょう）は過渡的（かとてき）に設（もう）けられた勘定（かんじょう）（仮勘定（かりかんじょう））なので、原因（げんいん）が判明（はんめい）した場合（ばあい）には、現金過不足勘定（げんきんかぶそくかんじょう）からその原因（げんいん）の勘定科目（かんじょうかもく）にその金額（きんがく）を振替（ふりか）えます。現金過不足勘定（げんきんかぶそくかんじょう）に借方残高（かりかたざんだか）がある場合（ばあい）は現金（げんきん）の不足（ふそく）があることを意味（いみ）し、貸方残高（かしかたざんだか）がある場合（ばあい）は現金（げんきん）の超過（ちょうか）があることを意味（い み）します。

そして決算日までにその原因が判明しない場合は、決算整理事項として、超過額は雑益勘定（収益）あるいは雑収入勘定（収益）へ、不足額は雑損勘定（費用）あるいは雑損失勘定（費用）へ振り替えます。

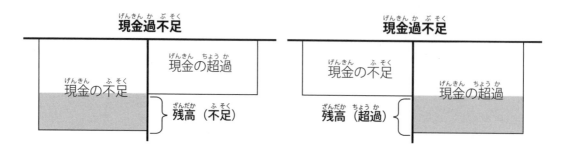

　例えば、現金の実際在高が 38,000 円、帳簿在高が 39,400 円である場合、原因が分からない場合はその差額を一旦現金過不足勘定に振り替えます。帳簿在高を実際在高に修正するので、1,400 円減らすために現金勘定の貸方に仕訳し、その相手勘定を現金過不足勘定にします。

（現 金 過 不 足）	1,400	（現　　　　　金）	1,400

　そして現金過不足（不足額）として処理していた 1,400 円のうち 800 円は通信費の支払いが記入漏れであることが分かった場合は、借方残高の現金過不足勘定から、通信費勘定（借方）に 800 円を現金過不足勘定の貸方から振り替えます。

（通　信　費）	800	（現 金 過 不 足）	800

　さらに会計期末（決算日）になっても、現金過不足勘定の借方残高 600 円の原因が分からない場合は、その金額を雑損勘定に振り替えます。

（雑　　　　損）	600	（現 金 過 不 足）	600

2-4　普通預金

　銀行預金には、預金と貯金があります。預金は現金を銀行などの金融機関に預けるために開設する口座で、普通預金、当座預金および定期預金などがあります。また貯金は郵便局（ゆうちょ銀行）や農協・漁協に開設する同様の口座です。銀行預金にはいろいろな種類がありますが、普通預金と当座預金を学習します。

　普通預金は、銀行の窓口や ATM で、通帳やキャッシュカードを使って、自由に預け入れと引き出しができる銀行預金です。代金の受取りや公共料金の支払いなどに利用され、年に 2 回

の利息を受け取ることができます。

　普通預金の取引は、**普通預金勘定**（資産）で処理します。現金などを預け入れたり、代金などが振り込まれたりしたときは普通預金の増加として借方に記入し、銀行の窓口やATMで引き出したり、公共料金などが引き落とされたりしたときは普通預金の減少として貸方に記入します。

　また、銀行預金は複数の銀行に持つことが多いので、これらの口座を適切に管理するために預金の種類に銀行名を付けた勘定科目を用いる場合があります。たとえば、普通預金A銀行、当座預金B銀行のような勘定科目を用います。こうすることによって、銀行ごとの残高を把握し、適切に管理することができます。

　たとえば、A銀行の普通預金口座に現金10,000円を預け入れた場合、つぎのように仕訳します。

| （普　通　預　金） | 10,000 | （現　　　　　金） | 10,000 |

　B銀行の普通預金口座から、電気代4,000円が引き落とされた場合は、つぎのように仕訳します。

| （水　道　光　熱　費） | 4,000 | （普　通　預　金） | 4,000 |

　上記の取引を、銀行ごとの勘定を使って仕訳するとつぎのようになります。

| （A銀行普通預金） | 10,000 | （現　　　　　金） | 10,000 |

| （水　道　光　熱　費） | 4,000 | （B銀行普通預金） | 4,000 |

2-5　当座預金

　当座預金は銀行と当座取引契約によって開設できる、小切手によって引き出しができる無利息の預金です。普通預金と同様に、代金の受け取りや公共料金の支払いなどに利用されますが、小切手を使うことで簡単に引き出しができるので、いろいろな代金の支払いに利用されます。

　当座預金の取引は**当座預金勘定**（資産）で処理します。現金などを預け入れたときは当座預金の増加として借方に記入し、引き出しのために小切手を振り出したときには当座預金の減少として貸方に記入します。

　当座預金の残高以上に小切手を振り出した場合、銀行はその支払いをしてくれませんが、あ

らかじめ当座借越契約を結んでおくと、残高がなくなったときでも一定限度額まで、引き出しが可能になります。この場合当座預金残高は貸方残高（マイナス）になります。これを**当座借越**といいます。当座借越は、銀行からの一時的な借り入れを意味します。

当座借越を処理するためには当座預金勘定と当座借越勘定を使う方法、当座勘定を使う方法があります。

当座借越勘定を使う方法は、当座借越の状態になったときに当座預金勘定から当座預金勘定に切り替える方法です。この方法によれば、どれだけ借り入れているかが総勘定元帳上で分かります。でも、当座借越になる度に当座預金勘定から当座借越勘定に切り替えたり、当座預金に入金して当座借越でなくなったときにまた当座預金に切り替えたりするのは煩雑です。

当座勘定を使う方法は当座預金の状態のときも当座借越の状態のときもどちらでも区別しない勘定を使う方法です。この方法によれば、記帳は楽になりますが、当座勘定の残高を確認しないとどれだけ借り入れているか分かりません。

最近は、当座預金勘定を当座勘定のように処理する方法がよく使われます。この場合は、期中には当座預金勘定から当座借越勘定に振り替えないで、当座預金勘定の貸方残高として処理します。そして期末に貸方残高である場合には、これを**借入金勘定**（負債）か、**当座借越勘定**（負債）に振り替えます。

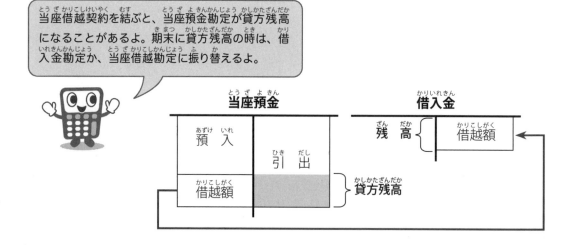

> 当座借越契約を結ぶと、当座預金勘定が貸方残高になることがあるよ。期末に貸方残高の時は、借入金勘定か、当座借越勘定に振り替えるよ。

2-6　当座預金出納帳

小切手の振り出しは一定の限度額の範囲で行います。そこで当座預金の管理を目的として、出し入れを記録するために、**当座預金出納帳**（補助記入帳）を作成します。基本的な形は現金出納帳と同じですが、当座預金は当座借越契約をすることでマイナスになることもあるので、残高がプラスであるか、マイナスであるかを記入する欄が付け加えられます。

それでは当座預金について、仕訳と当座預金勘定への転記、当座預金出納帳の記入を説明し

ましょう。

〔取引例〕

4/ 1　前月繰越高　10,000 円　（借越限度額 20,000 円）

8　事務用の机といすを購入し、代金は小切手 15,000 円を振出して支払った。

12　湘南銀行から 10,000 円を借入れ、同行の当座預金口座に入金した。

18　貸付金 5,000 円の返済のために小切手を受取り、直ちに当座預金に入金した。

24　小切手 20,000 円を振出し、現金を引出した。

28　伊勢原商店から手数料として、6,000 円が当座預金に振り込まれた。

上記の取引例を仕訳し、当座預金勘定に転記すると、つぎのようになります。

4/ 8	（備　　　　品）	15,000	（当 座 預 金）	15,000
12	（当 座 預 金）	10,000	（借　入　金）	10,000
18	（当 座 預 金）	5,000	（貸　付　金）	5,000
24	（現　　　　金）	20,000	（当 座 預 金）	20,000
28	（当 座 預 金）	6,000	（受 取 手 数 料）	6,000

当　座　預　金

4/ 1	前期繰越	10,000	4/ 8	備品	15,000
12	借入金	10,000	24	現金	20,000
18	貸付金	5,000			
28	受取手数料	6,000			

　当座預金へ現金などを預け入れたときや代金などが振り込まれたときは当座預金の増加として当座預金勘定の借方に、小切手を振り出したときは当座預金の減少として当座預金勘定の貸方に仕訳します。4/1 は現金勘定と同じように、前期からの繰越額を前期繰越として記入します。

　当座借越契約を結んでいると借越限度額までは残高がなくても自動的に融資を受けたものとして、引き出しができます。その場合、当座預金勘定は貸方残高になります。この取引例では、4/8 の取引で、当座預金勘定は 5,000 円の貸方残高になります。そして、4/12 に入金することで、5,000 円の借方残高になります。4/18 は 10,000 円の借方残高、4/24 は 10,000 円の貸方残高、4/28 は 4,000 円の貸方残高です。当座借越限度額以上の引き出しはできないので、小切手を振り出すときは当座預金口座の残高に気をつけなければなりません。

　総勘定元帳の当座預金勘定ではその時々の残高が分かりづらいので、当座預金出納帳を記入することによって、当座預金の管理をします。上記の取引例を記入すると、つぎのようになります。

当座預金出納帳

日付		摘要	預入	引出	借/貸	残高
4	1	前月繰越	10,000		借	10,000
	8	備品購入		15,000	貸	5,000
	12	湘南銀行から借り入れ	10,000		借	5,000
	18	貸付金回収	5,000		〃	10,000
	24	現金引出		20,000	貸	10,000
	28	伊勢原商店から手数料受取	6,000		〃	4,000
	30	**次月繰越**	**4,000**			
			35,000	35,000		
5	1	前月繰越		4,000	貸	4,000

　当座預金出納帳の記入は、現金出納帳の記入とほぼ同じです。「借/貸」の欄には口座残高が借方（プラス）ならば「借」と記入し、貸方（マイナス）ならば「貸」と記入します。締め切るときは月末の日付で、直前の残高が借方残高ならば引出欄に、貸方残高ならば預入欄に「次月繰越」として記入します。この取引例では貸方残高なので、預入欄に記入して、預入欄と引出欄に一重線を引いてそれぞれの合計を出して、一致することを確認して、日付欄と金額欄に二重線を引いて締め切ります。合計が一致しない場合は、記入に間違いがあるということなので、最初から記入を確認します。

　そして、決算のときに当座預金勘定に貸方残高があれば、それは銀行から借り入れているこ

とになるので、その金額を当座預金勘定から借入金勘定または当座借越勘定に振り替える仕訳を行います。これは決算整理仕訳となります。たとえば、決算日に当座預金勘定が貸方残高7,000円である場合には、その残高を当座預金勘定借方から借入金勘定貸方に振り替えます。

| （当 座 預 金） | 7,000 | （借 入 金） | 7,000 |

2-7 小口現金

　会社では、現金を手許に置いておくと盗難などの危険が増えるので、多くの場合、手許に現金を置かないで、銀行預金からの振り込みや小切手による支払いをします。でも、小額の支払いのために銀行預金から振込んだり、小切手を振出したりするは時間と手間が掛かるので、小額の現金を手許において、この支払いに使うことがあります。このための現金を**小口現金**といい、**小口現金勘定**（資産）で処理します。

　小口現金は通常、一定期間（1週間、1か月など）の支払いに当てるため、用度係あるいは小払係に一定金額を前渡して、期間終了時に支払報告を受けて、支払った分だけ資金を補充するという方法で行なわれます。この方法を**定額資金前渡制度**（インプレストシステム）といいます。

　この方法によれば、用度係は①一定期間定額資金を使って、②少額の支払いを行って、③それを小口現金出納帳に記録して、④期末に集計して小口現金支払報告書を作成して支払報告をするとともに、⑥資金の補充を受けます。会計係は⑤報告を受けて、取引を仕訳し元帳に転記します。資金の補充は、期首に行う場合と期末に行う場合があります。

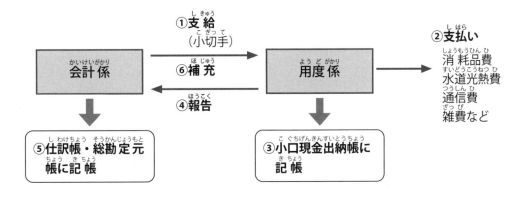

2-8 小口現金出納帳

　用度係は会計係から現金を事前に受取り、一定期間それを使って小口の支払いを行いますが、支払いを行った時点では仕訳はしません。用度係はこの事実を記録するのが、**小口現金出**

納帳（補助記入帳）です。会計係は用度係からの報告をもとにその期間の取引をまとめて仕訳します。この場合、仕訳の日付は支払日ではなく、報告を受けた日付となります。そして会計係は支払いをして使った分の金額を、小切手を振出して補充します。

　ではこの小口現金取引の仕訳と小口現金出納帳の記帳を説明しましょう。

〔取引例〕

　当店は1週間を期間として、30,000円の定額資金前渡制度を採用している。

11/1	前週からの繰越高 30,000 円
2	用度係は、タクシー代 5,000 円を支払った。
3	用度係は、水道代 2,500 円と電話代 5,800 円を支払った。
4	用度係は、事務用のノートとボールペン 3,500 円を購入した。
5	用度係は、郵便切手 4,200 円を購入した。
6	用度係は、電気代 4,600 円とガス代 3,400 円を支払った。
〃	用度係は、1週間分の支払いをまとめて、以下のような支払報告書を作成し、会計係に報告した。
〃	会計係は、報告を受け、必要な処理をし、小切手で資金を補充した。

小口現金支払報告書

前受額			30,000
支払額	通　信　費	10,000	
	交　通　費	5,000	
	消　耗　品　費	3,500	
	水道光熱費	10,500	29,000
残　額			1,000

　期間中に用度係の行なった取引は、その時点では仕訳しません。用度係は小口現金出納帳に記録だけ取っておき、期間末に集計して会計係に報告します。会計係は報告を受け、一定期間分の支払いをまとめて仕訳をします。そして、使った分だけ小切手を振り出して補充して、その仕訳をします。資金の補充は、期末に行う場合と期首に行う場合があります。用度係は受け取った小切手を現金化し、手許に保管します。この取引例では期末まで仕訳をしませんので、まず小口現金出納帳の記帳から説明します。

小口現金出納帳

受入	日付		摘要	支払	内訳			
					通信費	交通費	消耗品費	水道光熱費
30,000	11	1	前週繰越					
		2	タクシー代	5,000		5,000		
		3	水道代	2,500				2,500
		〃	電話代	5,800	5,800			
		4	ノートなど	3,500			3,500	
		5	郵便切手	4,200	4,200			
		6	電気代	4,600				4,600
		〃	ガス代	3,400				3,400
			合計	29,000	10,000	5,000	3,500	10,500
29,000		〃	小切手受取り					
		〃	**次週繰越**	**30,000**				
59,000				59,000				
30,000	11	8	前週繰越					

　小口現金出納帳は、左側に受入欄、右側に支払欄を設け、支払欄にはその内訳を費目ごとに示す欄が設けられます。日付順に記入して、期末に支払額を費目ごとに集計して、支払報告書を作成します。支払った分を補給すると、手許にある現金はあらかじめ決めた一定額に戻ります。本例では期末に補充するので、繰越額は予め決めた一定額になります。翌期に補給する場合は、残っている金額が繰越額になります。

　この小口現金出納帳の記録をもとに作成されたのが、小口現金支払報告書です。会計係はこれを受け取った11/6に支払いの仕訳をします。そして、当座預金からの補充の仕訳をします。

11/6	（通 信 費）	9,000	（小 口 現 金）	28,500	
	（交 通 費）	5,700			
	（消 耗 品 費）	3,500			
	（水 道 光 熱 費）	10,300			
〃	（小 口 現 金）	28,500	（当 座 預 金）	28,500	

Step02　現金・預金　**35**

また、6日の取引のように報告と支給が同時に行われたときには、つぎのようにまとめて仕訳をすることもできます。

(通 信 費)	10,000	(当 座 預 金)	29,000
(交 通 費)	5,000		
(消 耗 品 費)	3,500		
(水 道 光 熱 費)	10,500		

練 習 問 題

1　総勘定元帳の現金勘定の記入をもとに現金出納帳に記入しなさい。

現 金

4/ 1	前期繰越	100,000	4/ 8	備品	50,000
6	受取手数料	10,000	10	通信費	13,500
28	受取利息	6,400	24	旅費交通費	15,000
			30	支払利息	4,500

現 金 出 納 帳

日付		摘 要	収 入	支 出	残 高
4	1	前月繰越			

36

2 以下の総勘定元帳の当座預金勘定と当座預金出納帳の（　　）に当てはまる語句、金額を記入しなさい。

当 座 預 金

4/1	前期繰越	（　　）	4/8	備品		150,000
12	（　　）	（　　）	18	（　　）	（　　）
（　）	（　）	70,000	（　）	（　　）	（　　）

当 座 預 金 出 納 帳

日付		摘　要	預　入	引　出	借/貸	残　高
4	1	前月繰越	100,000		借	100,000
	8	備品購入		（　　）	貸	（　　）
	12	湘南銀行から借り入れ	200,000		借	（　　）
	18	品川商店の買掛金支払い		80,000	〃	（　　）
	24	現金引出		20,000	〃	（　　）
	28	大崎商店の売掛金受け取り	（　　）		〃	（　　）
	30	**次月繰越**		（　　）		
			（　　）	（　　）		
5	1	前月繰越	（　　）		借	（　　）

3 つぎの取引を（1）普通預金勘定を使う方法と（2）銀行別の普通預金勘定を使う方法で仕訳しなさい。
① A 銀行に普通預金を開設し、現金 20,000 円を預け入れた。
② 湘南商店から手数料として、1,000 円が A 銀行の普通預金口座に振り込まれた。
③ 電話料金 3,000 円が、B 銀行の普通預金口座から引き落とされた。

4 つぎの取引を仕訳しなさい。
① 現金の帳簿在高は 48,000 円であったが、実際在高を調べたところ、49,500 円であった。
② 上記不一致の原因は、受取利息の記入漏れであった。
③ 現金の帳簿在高は 54,800 円であったが、実際在高を調べたところ、53,000 円であった。
④ 上記不一致の原因は、支払利息の記入漏れであった。

5 つぎの取引を小口現金出納帳に記入するとともに、4/7 の仕訳をしなさい。なお、当店は 1

週間の定額資金前渡制度を採用している。

4/ 1　小切手で資金を補充した。前渡定額は 20,000 円である。
2　郵便切手 4,200 円を購入した。
3　電話代 2,400 円を支払った。
4　電気代 3,600 円とガス代 2,800 円を支払った。
5　事務用のノートとボールペン 1,500 円を購入した。
6　タクシー代 3,000 円を支払った。
7　支払報告書を作成し、会計係に報告した。

小 口 現 金 出 納 帳

受　入	日　付		摘　要	支　払	内　訳			
					通信費	交通費	消 耗品費	水道光熱費
2,900	4	1	前週繰越					

Step 03 商品売買

3-1 3分法

　商企業の基本的な営業活動は、商品を購入（仕入）して、これを購入価格よりも高い販売価格で販売（売上）することで、利益を獲得する**商品売買活動**です。この取引は商品売買取引といい、商業簿記においてもっとも頻繁に行われ、最も重要な取引です。商品売買取引の流れを図示すると、つぎのようになります。

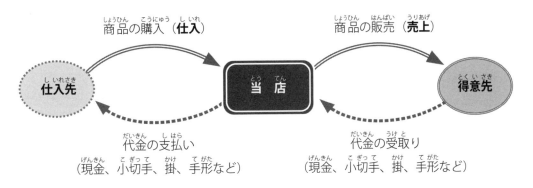

　商品は仕入先から当店へ、そして当店から得意先へ流れ、代金は得意先から当店へ、当店から仕入先へと流れます。代金の支払いや受取りは現金や小切手だけではありません。一定期間後に代金の授受を約束して商品売買を行う**掛取引**という信用取引もあります。これによって手持ち資金以上の大量の商品売買が可能になります。さらに掛取引以外にも手形や商品券などを使った商品売買取引もあります。これらは Step05 と 07 で説明します。
　商品売買取引を処理するための方法としては、**3分法**、総記法、売上原価対立法などがありますが、最も一般的に用いられている方法は 3 分法または 3 分割法です。
　3分法では、商品売買に関する取引を**仕入勘定**（費用）、**売上勘定**（収益）および**繰越商品勘定**（資産）の 3 つの勘定を用いて処理します。

① 仕入勘定………… 商品の購入（仕入）に関する取引を記入
② 売上勘定………… 商品の販売（売上）に関する取引を記入
③ 繰越商品勘定 … 期首・期末における商品の在高を記入

繰越商品勘定は期首・期末に商品を繰り越すために用いられる勘定なので、日常的な商品売買取引には用いられません。そのため、通常の商品売買取引の記帳は仕入勘定と売上勘定の2つの勘定を使って行います。

仕入勘定と売上勘定の基本的な仕訳を理解するために、まず、代金の支払いと受取りを現金あるいは掛けで行う商品売買の処理法を説明します。

3-2 仕入取引の処理

商品を仕入れたときは、仕入勘定の借方に**仕入原価**（購入原価、取得価額）で記入します。そのとき、**仕入諸掛**（引取運賃、保険料、関税などの商品の仕入のために付随的に掛かる費用）を仕入れた側が負担する場合は、商品の仕入原価に含めます。

商品の仕入原価＝購入代価＋仕入諸掛（引取費用）

● 購入代価 2,000 円の商品を掛けで仕入れ、仕入諸掛 100 円を現金で支払う場合

（仕　　　　　入）	2,100	（買　掛　金）	2,000
		（現　　　金）	100

仕入諸掛を販売した側が負担する場合で、仕入れた側が立て替えて支払う場合は、立替金として処理するか、買掛金と相殺して処理します。

● 購入代価 2,000 円の商品を掛けで仕入れ、仕入諸掛 100 円を現金で立替えて支払う場合

立替金で処理する方法

（仕　　　　　入）	2,000	（買　掛　金）	2,000
（立　替　金）	100	（現　　　金）	100

買掛金と相殺する方法

（仕　　　　　入）	2,000	（買　掛　金）	1,900
		（現　　　金）	100

商品が汚損していたり、品違いであったりしたため、商品を仕入先に返品するときには、仕入勘定の貸方に記入します。これを**仕入戻し**といいます。

● 掛けで仕入れた商品 100 円を返品する場合

（買　掛　金）	100	（仕　　　入）	100

以上をまとめると、仕入勘定はつぎのように記入されます。このとき借方に記入された仕入金額を**総仕入高**、貸方に記入された仕入戻しなどの金額を差し引いた金額（仕入勘定の**残高**）を**純仕入高**といいます。

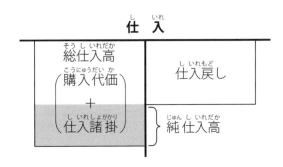

3-3 売上取引の処理

　商品を販売したときは、売上勘定の貸方に**売価**（販売価格）で記入します。借方は代金の受取方法によって、現金勘定、売掛金勘定などに記入します。

　なお、**売上諸掛**（発送運賃、保険料、関税など商品の販売のために付随的に掛かる費用）を当店（売主）が負担する場合は、発送費として**発送費勘定**（費用）の借方に記入します。これに対して、先方（買主）が負担する売上諸掛を当店が立替払いする場合には、**立替金勘定**（資産）の借方に記入します。なお、商品を掛売りする場合には通常、立替える発送費を先方の売掛金に加えて仕訳します。

● 商品 2,000 円を掛けで販売して、売上諸掛 100 円を現金で支払う場合

| （売 掛 金） | 2,000 | （売 上） | 2,000 |
| （発 送 費） | 100 | （現 金） | 100 |

● 商品 2,000 円を掛けで販売して、売上諸掛 100 円を現金で立替えて支払う場合

| （売 掛 金） | 2,100 | （売 上） | 2,100 |
| （発 送 費） | 100 | （現 金） | 100 |

memo 売上諸掛の処理は、新しい収益の認識基準が施行されたことによって変わりました。日商簿記検定試験でも2022年度から新しい処理の仕方の仕訳が出題されています。むずかしい説明は省略しますが、立て替えた発送費は売上サービスの一部と考えて売上げの代金に加えて、売掛金として請求します。

　商品が汚損していたり、品違いであったりしたため、商品が得意先より返品されたときには、売上勘定の借方に記入します。これを**売上戻り**といいます。

● 掛けで販売した商品100円が返品された場合

（売　　　　上）　　　100　　　（売　掛　金）　　　100

　以上をまとめると、売上勘定はつぎのように記入されます。このとき貸方に記入された売上金額を**総売上高**、借方に記入された売上戻りなどの金額を差し引いた金額（売上勘定の**残高**）を**純売上高**といいます。

3-4 商品売買で使う証憑

　商品を売買するときには、送り状、納品書、請求書などの証憑が作成され、取引の事実を示す証拠書類となります。ここでは、納品書と請求書が一緒になった納品書兼請求書の例を挙げておきます。これは商品を納品するときにどんな商品をどれだけ納品したかを示す納品書と代金の請求をする請求書が一体化したものです。

納品書兼請求書

株式会社 CS 商事　様

ABC 商店

商品名	数量	単価	金額
プリンター用トナー	1	¥4,000	¥4,000
コピー用紙（A4）	20	¥400	¥8,000
		小計	¥12,000
		消費税（10%）	¥1,200
		合計	¥13,200

　この納品書兼請求書は、ABC 商店が CS 商事に 1 個当たり 4,000 円のプリンター用トナー 1 個と 1 束あたり 400 円の A4 コピー用紙 20 束を販売し、消費税 1,200 円を請求するという取引のために作成された証憑です。

3-5　消費税の処理

　消費税は商品の売買やサービスの提供に対して課される税金です。商品を仕入れたときやサービスを受けたときにその代金と一緒に支払います。そして、商品を販売したときやサービスを提供したときに顧客からその代金と一緒に受け取って、一旦預かります。そして後日、自分が支払った分と預かった分の差額を納付するか、還付を受けます。
　消費税の処理には税抜方式と税込方式がありますが、税抜方式を覚えましょう。税抜方式は、消費税を仕入や売上に含めない方法で、別に消費税の勘定を設けます。仕入れたときには仕入先に支払った分は仕入先が支払ってくれますので、仮払消費税勘定（資産）で、売上げたときは得意先から預かって当店が支払うことになるので、仮受消費税勘定（負債）で処理します。そして、仮払消費税と仮受消費税の差額を納付するか、還付を受けます。
　消費税の取引の例を挙げると、つぎのようになります。

● 商品 1,000 円を仕入れ、消費税 100 円とともに掛けで支払った場合

　　　（借）仕　　　　入　　　1,000　　　　（貸）買　掛　金　　　1,100
　　　　　　仮 払 消 費 税　　　　100

● 商品 1,500 円を販売し、消費税 150 円とともに掛けで受け取った場合

（借）売　掛　金　　　1,650　　　（貸）売　　　　上　　　1,500
　　　　　　　　　　　　　　　　　　　　　仮 受 消 費 税　　　 150

● 仮払消費税と仮受消費税の差額を現金で納付した場合

（借）仮 受 消 費 税　　　 150　　　（貸）仮 払 消 費 税　　 100
　　　　　　　　　　　　　　　　　　　　　現　　　　金　　　　 50

　　商品を仕入れたとき、商品の取得原価は仕入勘定の借方に、消費税は仮払消費税勘定の借方に記入します。また、商品を販売したとき、売上代金は売上勘定の貸方に、消費税は仮受消費税勘定の貸方に記入します。支払い、受取りの消費税はまだ合計の納税金額が確定しないので、仮払い、仮受けとします。消費税の納付は仮受消費税と仮払消費税の差額を支払います。

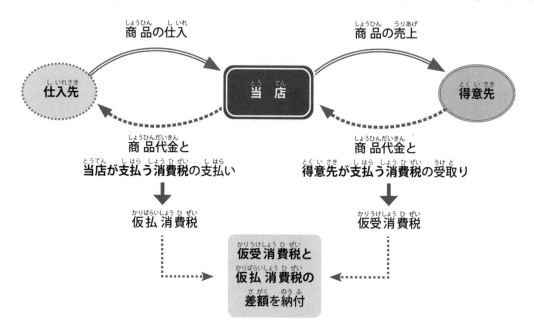

　商品仕入取引を詳細に記録して仕入勘定を管理するために、仕入帳を作成します。**仕入帳**は、仕入取引の明細を発生順に記録する補助記入帳です。仕入帳には、取引の日付、仕入先、支払方法、商品名、数量、仕入単価、金額などの明細を記入します。さらに引取運賃などの仕入諸掛も記入します。なお、仕入戻しがある場合には朱記します。

　仕入帳には増加を記入する欄しかないので、減少を記入するために赤で記入（朱記）して区別します。検定試験では黒の筆記用具しか使えないので、赤は使いません。あえて区別したいときは（　　）をつけます。

〔取引例〕

7/7　新宿商店からつぎの商品を仕入れ、代金は掛とした。なお、引取運賃 10,000 円は現金で支払った。

　　　Ｔシャツ（白）　　　200 着　　　@ 1,500 円

　9　新宿商店から仕入れたＴシャツ（白）のうち、5 着が不良品だったため返品した。

　14　渋谷商店からつぎの商品を仕入れ、代金は掛とした。

　　　Ｔシャツ（白）　　　100 着　　　@ 1,600 円

　　　Ｔシャツ（青）　　　150 着　　　@ 2,000 円

　23　原宿商店からつぎの商品を仕入れ、代金は小切手を振り出して支払った。

　　　Ｔシャツ（青）　　　100 着　　　@ 1,900 円

これらの取引を仕入帳に記入すると以下のようになります。

<h1 align="center">仕 入 帳</h1>

日付		摘 要			内 訳	金 額
7	7	新宿商店		掛		
		Tシャツ（白）	200 着	@ 1,500 円	300,000	
		引取運賃現金払い			10,000	310,000
	9	**新宿商店**		**掛・返品**		
		Tシャツ（白）	**5 着**	**@ 1,500 円**		**7,500**
	14	渋谷商店		掛		
		Tシャツ（白）	100 着	@ 1,600 円	160,000	
		Tシャツ（青）	150 着	@ 2,000 円	300,000	460,000
	23	原宿商店		小切手		
		Tシャツ（青）	100 着	@ 1,900 円		190,000
	31	総仕入高				960,000
	〃	**仕入戻し高**				**7,500**
		純仕入高				952,500

摘要欄には仕入先商店名、代金の支払方法（現金、小切手、掛など）、商品名、数量、購入単価を記入します。また、仕入諸掛がある場合には摘要欄に記入します。仕入戻しがある場合には、朱記（赤で記入）します。本書では、書体を変えてあります。ひとつの取引で金額が2つ以上あるときは、それを内訳欄に記入し、金額欄で合計します。取引と取引の間は摘要欄に線を引くことで区別します。

仕訳帳を締切るときは、月末の日付で総仕入高（黒で記入した金額の合計）を求め、そこから仕入戻し高（赤で記入した金額の合計）を差し引き、純仕入高を求め、日付欄と金額欄に二重線を引いて締め切ります。

参考までに、本例の取引を仕訳し、仕入勘定に転記すると、つぎのとおりです。

7/7	（仕　　　　　入）	310,000	（買　掛　金）	300,000
			（現　　　　金）	10,000
9	（買　掛　金）	7,500	（仕　　　　　入）	7,500
14	（仕　　　　　入）	460,000	（買　掛　金）	460,000
23	（仕　　　　　入）	190,000	（当　座　預　金）	190,000

仕　入

7/7	諸口	310,000	7/9	買掛金	7,500
14	買掛金	460,000			
23	当座預金	190,000			

3-7 売上帳

　商品売上取引を詳細に記録して売上勘定を管理するために、売上帳を作成します。**売上帳**は、売上取引の明細を発生順に記録する補助記入帳です。売上帳には、取引の日付、得意先、受取方法、商品名、数量、販売単価、金額などの明細を記入します。売上戻りがある場合には朱記します。仕入帳と同じように売上帳にも増加を記入する欄しかないので、減少を記入するために赤で記入して区別します。

〔取引例〕

7/4　品川商店へつぎの商品を販売し、代金のうち 100,000 円は同店振出しの小切手で受け取り、残額は掛とした。

　　　　　Ｔシャツ（白）　　　100 着　　　@ 2,500 円
　　　　　Ｔシャツ（青）　　　100 着　　　@ 3,000 円

19　大崎商店へつぎの商品を販売し、代金は掛とした。なお、相手負担の発送費用 5,000 円を現金で立替えて支払った。

　　　　　Ｔシャツ（白）　　　50 着　　　@ 2,500 円

22　大崎商店へ販売した商品のうち 2 着が一部汚損していたため、返品した。

24　田町商店へつぎの商品を販売し、代金は掛とした。なお、当店負担の発送費用 5,000 円を現金で支払った。

　　　　　Ｔシャツ（白）　　　30 着　　　@ 2,500 円
　　　　　Ｔシャツ（青）　　　20 着　　　@ 3,000 円

売上帳

日付		摘要				内訳	金額
7	4	大崎商店			小切手・掛		
		Tシャツ（白）	100 着	@ 2,500 円		250,000	
		Tシャツ（青）	100 着	@ 3,000 円		300,000	550,000
	19	品川商店			掛		
		Tシャツ（白）	50 着	@ 2,500 円		125,000	
		発送費現金立替払い				5,000	130,000
	22	**品川商店**			**掛・返品**		
		Tシャツ（白）	**10 着**	**@ 500 円**			**5,000**
	24	大崎商店			掛・現金		
		Tシャツ（白）	30 着	@ 2,500 円		75,000	
		Tシャツ（青）	20 着	@ 3,000 円		60,000	135,000
	31		総売上高				815,000
	〃		**仕入戻し高**				**5,000**
			純売上高				810,000

記帳の仕方は、仕入帳と同様です。参考までに、本例の取引を仕訳し、売上勘定に転記すると、つぎのとおりです。

7/4	（現　　　　金）	100,000		（売　　　　上）		550,000
	（売 掛 金）	450,000				
19	（売 掛 金）	130,000		（売　　　　上）		130,000
	（発 送 費）	5,000		（現　　　　金）		5,000
22	（売　　　　上）	5,000		（売 掛 金）		5,000
24	（現　　　　金）	35,000		（売　　　　上）		135,000
	（売 掛 金）	100,000				
	（発 送 費）	5,000		（現　　　　金）		5,000

売　上

7/22	売掛金	5,000	7/ 4	諸口	550,000
			19	売掛金	130,000
			24	諸口	135,000

3-8　商品有高帳

　商品有高帳は、商品の受入、払出、残高（手許在高）を記録するための補助元帳です。商品の種類ごとに口座を設けて、受入、払出、残高を原価で記録することにより、商品の在庫管理や売上原価の計算を行ないます。

　商品有高帳を記帳するときに注意することは、払出す商品の単価です。同一の種類の商品であっても、仕入時期や仕入先によって仕入単価が異なることがあるからです。このとき、いくらで仕入れた商品を払い出したのかを決定しなければなりません。払出単価の決定方法には、先入先出法、移動平均法、総平均法、個別法などがあります。ここでは、3級の試験範囲であることから先入先出法と移動平均法を取り上げます。

① **先入先出法**（買入順法ともいう）

　先入先出法は、実際の商品の流れとは無関係に、先に仕入れた商品から順に払い出していくという仮定にもとづいて、払出単価を決定する方法です。

② **移動平均法**

　移動平均法は、新しく商品を仕入れるたびに、新たな加重平均単価を計算し、その単価をつぎの仕入までの払出単価とする方法です。加重平均単価は、つぎの式で計算します。

$$加重平均単価 = \frac{直前の残高金額 + 仕入高}{直前の残高数量 + 仕入数量}$$

〔取引例〕

10/1	前 月 繰 越	100 個	@ 100 円	10,000 円
7	仕　　　入	400 個	@ 110 円	44,000 円
12	売　　　上	200 個	@ 200 円	40,000 円
17	売　　　上	100 個	@ 200 円	20,000 円
24	仕　　　入	300 個	@ 120 円	36,000 円
25	仕 入 戻 し	100 個	@ 120 円	12,000 円
27	売　　　上	300 個	@ 200 円	60,000 円

■①先入先出法

商品有高帳

日付		摘 要	受 入			払 出			残 高		
			数量	単価	金額	数量	単価	金額	数量	単価	金額
10	1	前月繰越	100	100	10,000				100	100	10,000
	7	仕 入 れ	400	110	44,000				400	110	44,000
	12	売 り 上 げ				100	100	10,000			
						100	110	11,000	300	110	33,000
	17	売 り 上 げ				100	110	11,000	200	110	22,000
	24	仕 入 れ	300	120	36,000				300	120	36,000
	25	仕 入 戻 し				100	120	12,000	200	110	22,000
									200	120	24,000
	27	売 り 上 げ				200	110	22,000			
						100	120	12,000	100	120	12,000
	30	**次 月 繰 越**				**100**	**120**	**20,000**			
			800		90,000	800		90,000			
11	1	前月繰越	100	120	12,000				100	120	12,000

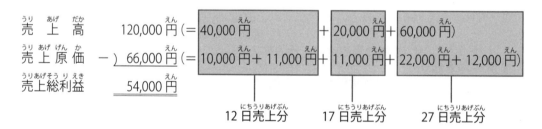

売 上 高 　　120,000円（＝ 40,000円 ＋ 20,000円 ＋ 60,000円）

売上原価 －）66,000円（＝ 10,000円＋11,000円＋11,000円＋22,000円＋12,000円）

売上総利益 　54,000円

12日売上分　　17日売上分　　27日売上分

　　先入先出法では、先に仕入れた商品を先に払い出すという仮定で払出単価を計算します。だから残高欄には先に仕入れたものと後に仕入れたものを区別して示す必要があります。

　　10/7の仕入れた400個は、前月から繰り越された100個とは仕入単価が違うので、区別します。残高欄には上に古い単価、下に新しい単価の商品残高を記入します。＠100円の商品は10/1の残高欄にその記入がありますから、それをそのまま10/7の残高とし、その下に＠110円の商品残高を記入します。そして両者を中カッコでくくって、両者が10/7の残高であると分かるようにします。

10/12 の払出は 200 個ですが、100 個分は前月繰越分が払い出され、残りの 100 個分は 10/7 に仕入れたものが払い出されたとして記入して、中カッコでくくります。残高は 10/7 に仕入れたものが 300 個分残ることになります。

　以下、同様に記入します。10/25 の仕入戻しは払出の欄に 10/24 に仕入れたものを 100 個分記入します。残高欄は@ 120 円の方を減らします。

　締切りは、その月の最後の残高を月末の日の日付で、払出欄に記入し、受入欄と払出欄の数量と金額の合計を求めます。帳簿記入が正しく行なわれていれば、合計が一致するので、それを確認して締切線（二重線）を摘要欄以外に引きます。合計が一致しない場合は記入に間違いがあるので、やり直してください。締切が終わったら、開始記入をします。

　売上高は、資料のデータをもとに、販売単価×販売数量で計算します。資料にある単価は売上の場合、販売単価です。売上原価は販売した商品のもともとの仕入価額のことで、商品有高帳の払出欄に売り上げとして記入した金額を合計します。売上総利益は売上高から売上原価を差引いた額です。粗利とか、商品売買益ともいいます。

■②移動平均法

商品有高帳

日付		摘要	受入			払出			残高		
			数量	単価	金額	数量	単価	金額	数量	単価	金額
10	1	前月繰越	100	100	10,000				100	100	10,000
	7	仕入れ	400	110	44,000				500	108	54,000
	12	売り上げ				200	108	21,600	300	108	32,400
	17	売り上げ				100	108	10,800	200	108	21,600
	24	仕入れ	300	120	36,000				500	115.2	57,600
	25	仕入戻し				100	120	12,000	400	114	45,600
	27	売り上げ				300	114	34,200	100	114	11,400
	30	**次月繰越**				**100**	**114**	**11,400**			
			800		90,000	800		90,000			
11	1	前月繰越	100	114	11,400				100	114	11,400

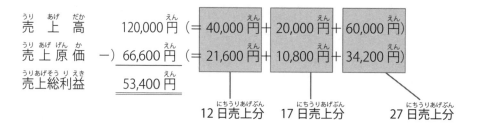

売上高	120,000 円	（= 40,000 円 + 20,000 円 + 60,000 円）
売上原価	−) 66,600 円	（= 21,600 円 + 10,800 円 + 34,200 円）
売上総利益	53,400 円	

12 日売上分　17 日売上分　　27 日売上分

移動平均法では、新しく商品を仕入れるたびに、新しい加重平均単価を計算します。たとえば、10/7 の加重平均単価は、つぎのように計算します。

$$10/7 \text{ の加重平均単価} = \frac{10,000 \text{円} + 44,000 \text{円}}{100 \text{個} + 400 \text{個}} = @ 108 \text{円}$$

　商品有高帳を記入するときは、10/7 の残高欄でこの計算をします。まず、数量欄に直前（10/1）の数量 100 個に仕入数量 400 個を足して、500 個を記入し、金額欄には直前の金額 10,000 円に仕入金額 44,000 円を足して、54,000 円を記入します。そして、この金額 54,000 円を数量 500 個で割って、@ 108 円を計算して、単価欄に記入します。

　10/12 と 10/17 の払出単価は、10/7 で計算した@ 108 円を使います。新しく商品を仕入れるまでは払出単価は変えません。10/25 の仕入戻しは、払出欄に 10/24 の@ 120 円の単価で記入します。残高欄の単価は計算し直します。以下、同様に記入する。締切は先入先出法と同じように行います。

練習問題

1 つぎの取引を仕訳しなさい。

① 新宿商店から商品 50,000 円を仕入れ、代金は現金で支払った。
② 渋谷商店から商品 30,000 円を仕入れ、代金は引取運賃 2,000 円とともに現金で支払った。
③ 原宿商店から商品 60,000 円を掛けで仕入れ、引取運賃 5,000 円は現金で支払った。
④ ③の原宿商店から仕入れた商品のうち 10,000 円を品違いのため返品した。
⑤ 代々木商店から商品 40,000 円を掛けで仕入れ、先方負担の引取運賃 3,000 円を現金で立替えて支払った。

2 つぎの取引を仕訳しなさい。

① 新橋商店に商品 60,000 円を現金で販売し、当店負担の発送費 2,000 円は現金で支払った。

② 田町商店に商品 40,000 円を掛けで販売し、当店負担の発送運賃 1,000 円は現金で支払った。

③ ②で田町商店に販売した商品の一部に汚損があったため 4,000 円分が返品された。

④ 品川商店に商品 20,000 円を現金で販売し、先方負担の発送運賃 1,000 円を現金で立替払いした。

⑤ 大崎商店に商品 30,000 円を掛けで販売し、先方負担の発送費 3,000 円を現金で立替払いした。

3 つぎの資料の取引を仕訳し、総勘定元帳の仕入勘定と売上勘定に記入するとともに、仕入帳と売上帳に記入しなさい。

〔資料〕

6/ 2　新宿商店よりつぎの商品を仕入れ、代金のうち 100,000 円は小切手を振り出して支払い、残額は掛とした。なお、引取費用 20,000 円は現金で支払った。
　　　　A 商品　　　　100 個　　@ 1,000 円
　　　　B 商品　　　　200 個　　@ 2,000 円

　　6　品川商店へつぎの商品を掛で販売した。なお、発送費用 5,000 円は小切手を振り出して支払った。
　　　　A 商品　　　　50 個　　@ 2,000 円
　　　　B 商品　　　　200 個　　@ 4,000 円

　　8　6/2に新宿商店から仕入れたA商品5個について、品違いが見つかったので返品した。

　　12　渋谷商店からつぎの商品を掛で仕入れた。
　　　　A 商品　　　　200 個　　@ 1,100 円
　　　　B 商品　　　　150 個　　@ 2,100 円

　　13　6/12に渋谷商店から仕入れたB商品 10 個に汚損が見つかり、返品した。

　　15　大崎商店につぎの商品を販売し、代金のうち 100,000 円は同店振出しの小切手で受け取り、残額は掛とした。
　　　　A 商品　　　　100 個　　@ 2,000 円
　　　　B 商品　　　　50 個　　@ 4,000 円

24　品川商店につぎの商品を掛で販売した。
　　　A 商品　　　　150 個　　@ 2,000 円
　　　B 商品　　　　250 個　　@ 4,000 円

26　6/24 に品川商店に販売した A 商品 10 個について、品質不良のため返品された。

30　渋谷商店からつぎの商品を掛で仕入れた。なお、引取費用 10,000 円を現金で支払った。
　　　A 商品　　　　　　150 個　　@ 1,200 円

仕　入　帳

日付	摘　要	内　訳	金　額

売上帳

日付	摘要	内訳	金額

4 つぎの資料により、①先入先出法、②移動平均法により商品有高帳を作成しなさい。また、9月中の売上高、売上原価および売上総利益を計算しなさい。

〔資料〕

9/ 1	前月繰越	200個	@ 150円	30,000円
2	仕　入	300個	@ 160円	48,000円
9	売　上	300個	@ 250円	75,000円
12	仕　入	400個	@ 162円	64,800円
25	売　上	300個	@ 250円	75,000円
27	売　上	200個	@ 250円	50,000円

① 先入先出法

商品有高帳

日付	摘要	受入			払出			残高		
		数量	単価	金額	数量	単価	金額	数量	単価	金額

② 移動平均法

商品有高帳

日付	摘要	受入			払出			残高		
		数量	単価	金額	数量	単価	金額	数量	単価	金額

Step 04 売掛金・買掛金

4-1 売掛金

売掛金（資産）は一定の期日後に代金を支払ってもらうことを約束して商品を販売したときの代金で、いわゆるツケの代金です。売掛金は月末にひと月分をまとめて得意先に請求して、後日代金を受け取ります。売掛金についての基本的な取引の仕訳を示すと、以下のようになります。

売上時：	（売 掛 金）	×××	（売 上）	×××	
返品時：	（売 上）	×××	（売 掛 金）	×××	
回収時：	（現 金 など）	×××	（売 掛 金）	×××	

掛売上をしたとき売掛金勘定の借方に記入し、売掛金の回収と掛売商品の戻りは貸方に記入します。これを勘定で示すと以下のとおりです。

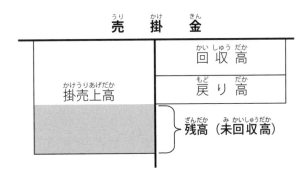

4-2 クレジット売掛金

　小売店の場合、クレジットカードを使って商品を販売することがあります。この場合、信販会社から後日、手数料を差し引かれた代金を受け取れる権利が発生します。この権利を**クレジット売掛金**（資産）といいます。クレジット売掛金勘定はクレジットカードを使って販売したときに増加するので借方に記入し、代金を受け取ったときに減少するので貸方に記入します。クレジット売掛金の取引は信販会社に支払う手数料をいつ計上するかで二通りの方法があります。売掛金と違って手数料の支払いを伴うので、仕訳をするときに注意してください。

〔取引例〕
① 商品 10,000 円をクレジット払いの条件で販売した。なお、信販会社への手数料は 300 円である。
② 上記①の代金が信販会社から、当座預金口座に振り込まれた。

● 販売時に手数料を計上する方法

①	（クレジット売掛金）	9,700	（売 上）	10,000
	（支 払 手 数 料）	300		
②	（当 座 預 金）	9,700	（クレジット売掛金）	9,700

● 代金回収時に手数料を計上する方法

①	（クレジット売掛金）	10,000	（売 上）	10,000
②	（当 座 預 金）	9,700	（クレジット売掛金）	10,000
	（支 払 手 数 料）	300		

4-3 買掛金

　買掛金（負債）は一定期日後に代金を支払うことを約束して商品を購入したときの代金です。買掛金は月末に仕入先からひと月分をまとめて支払請求されるので、請求書を受け取ったら後日代金を支払います。買掛金についての基本的な取引を示すと、以下のようになります。

仕入時：	（仕 入）	×××	（買 掛 金）	×××
返品時：	（買 掛 金）	×××	（仕 入）	×××
支払時：	（買 掛 金）	×××	（現 金 な ど）	×××

58

掛仕入をしたとき買掛金勘定の貸方に記入し、買掛金の支払いと掛仕入商品の戻しは借方に記入します。これを勘定で示すと以下のとおりです。

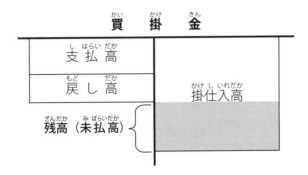

　掛取引は取引相手を信用して行う取引です。そのために売掛金の場合は、代金の回収が1〜2か月先になるので間違いなく回収するために、どこの会社にいくらの売掛金があるのかを把握しておくことが必要です。また買掛金の場合は、代金の支払いを怠ると信用をなくしてしまうため、どこの会社にいくらの買掛金があるかを把握しておくことが必要です。

　そのために、取引先が比較的少ない場合には、**人名勘定**を使う方法があります。売掛金勘定・買掛金勘定の代わりに、取引先の会社名を勘定科目としたり、売掛金・買掛金の前か後に会社名をつけた勘定科目を使ったりする方法です。これによって、どこの会社にいくら売掛金・買掛金があるかを把握することができます。

〔売掛金の取引例〕

9/9　新宿商店に商品 400,000 円を掛で販売した。

（新 宿 商 店）　400,000　　　　（売　　　　上）　400,000

12　9/9 に新宿商店に販売した商品の一部 30,000 円が、汚損のため返品された。

（売　　　　上）　30,000　　　　（新 宿 商 店）　30,000

14 渋谷商店に商品 500,000 円を販売した。なお代金のうち 200,000 円は同店振出の小切手で受け取り、残額は掛とした。

（当 座 預 金）	200,000		（売 上）	500,000
（渋 谷 商 店）	300,000			

17 9/14 に渋谷商店に販売した商品のうち 70,000 円が、品違いのため返品された。

（売 上）	70,000		（渋 谷 商 店）	70,000

30 新宿商店に対する売掛金 450,000 円、渋谷商店に対する売掛金 350,000 円がそれぞれ当店の当座預金口座に振り込まれた。

（当 座 預 金）	800,000		（新 宿 商 店）	450,000
			（渋 谷 商 店）	350,000

　新宿商店に対する売掛金は新宿商店勘定で、渋谷商店に対する売掛金は渋谷商店勘定で仕訳します。総勘定元帳の各勘定に転記すると、以下のようになります。なお、9/1 の記入は会計期間の途中なので、前期繰越高ではなく、期首から前月末までの取引の結果として計算された前月末残高を記入してあります。

　人名勘定の科目名は会社名だけでなく、「売掛金 - 新宿商店」、「新宿商店（売掛金）」などの形で表すこともできます。

新 宿 商 店

9/ 1	前月末残高	400,000	9/12	売上	30,000
9	売上	400,000	30	当座預金	450,000

渋 谷 商 店

9/ 1	前月末残高	500,000	9/17	売上	70,000
14	売上	300,000	30	当座預金	350,000

〔買掛金の取引例〕

9/11　品川商店から商品 300,000 円を掛で仕入れた。その際、引取運賃 10,000 円を現金で支払った。

（仕　　　　　　入）　310,000　　　（品　川　商　店）　300,000
　　　　　　　　　　　　　　　　　　（現　　　　　　金）　 10,000

15　9/11 に品川商店から仕入れた商品の一部に汚損があったので、10,000 円分の商品を返品した。

（品　川　商　店）　 10,000　　　（仕　　　　　　入）　 10,000

16　大崎商店から商品 450,000 円を仕入れた。なお代金のうち 150,000 円は小切手を振り出して支払い、残額は掛とした。

（仕　　　　　　入）　450,000　　　（当　座　預　金）　150,000
　　　　　　　　　　　　　　　　　　（大　崎　商　店）　300,000

20　9/16 に大崎商店から仕入れた商品のうち 60,000 円を、品違いのため返品した。

（大　崎　商　店）　 60,000　　　（仕　　　　　　入）　 60,000

30　品川商店に対する買掛金 400,000 円、大崎商店に対する買掛金 350,000 円を、それぞれ小切手を振り出して支払った。

（品　川　商　店）　400,000　　　（当　座　預　金）　750,000
（大　崎　商　店）　350,000

　品川商店に対する買掛金は品川商店勘定で、大崎商店に対する買掛金は大崎商店勘定で仕訳します。9/1 は前月末までの各仕入先に対する買掛金の残高が記入されています。

品 川 商 店

9/15	仕入	10,000	9/ 1	前月末残高	500,000
30	当座預金	400,000	11	仕入	300,000

大 崎 商 店

9/20	仕入	60,000	9/ 1	前月末残高	400,000
30	当座預金	350,000	16	仕入	300,000

　売掛金と買掛金の管理のために、上述のような人名勘定を使って処理する方法は、得意先や仕入先の数が多くなると、勘定の数が多くなって記帳が煩雑になるという欠点があります。そこでこの欠点を解決するために、総勘定元帳の売掛金勘定について補助元帳として**売掛金元帳（得意先元帳）**を、買掛金勘定について**買掛金元帳（仕入先元帳）**を作成します。売掛金元帳と買掛金元帳は人名勘定で記入しますので、会社ごとの残高を把握することができます。総勘定元帳には会計係が全体の取引を記入し、その詳細を得意先係と仕入先係がそれぞれの補助元帳に記入します。この場合の売掛金勘定・買掛金勘定のように、売掛金元帳・買掛金元帳の諸勘定をとりまとめる勘定のことを**統制勘定**といいます。

　上述の「売掛金の取引例」と「買掛金の取引例」を総勘定元帳の売掛金勘定・買掛金勘定と売掛金元帳・買掛金元帳に記入すると以下のようになります。なお、9/1 現在の売掛金明細表と買掛金明細表は以下のとおりです。売掛金明細表、買掛金明細表は特定の日に売掛金と買掛金がどこの会社のどれだけあるかを示す計算書です。売掛金係・買掛金係によって作成され、総勘定元帳の売掛金勘定・買掛金勘定の残高と照合するために用いられます。

売 掛 金 明 細 表	
9 月 1 日	
新宿商店	400,000 円
渋谷商店	500,000 円
合 計	900,000 円

買 掛 金 明 細 表	
9 月 1 日	
品川商店	500,000 円
大崎商店	400,000 円
合 計	900,000 円

総勘定元帳

売　掛　金

9/ 1	前月末残高	900,000	9/12	売上	30,000
9	売上	400,000	17	売上	70,000
14	売上	300,000	30	当座預金	800,000

買　掛　金

9/15	仕入	10,000	9/ 1	前月末残高	900,000
20	仕入	60,000	11	仕入	300,000
30	当座預金	750,000	16	仕入	300,000

売掛金元帳

新宿商店

日付		摘要	借方	貸方	借/貸	残高
9	1	前月繰越	400,000		借	400,000
	9	売り上げ	400,000		〃	800,000
	12	返品		30,000	〃	770,000
	30	入金		450,000	〃	320,000
	〃	次月繰越		320,000		
			800,000	800,000		
10	1	前月繰越	320,000		借	320,000

渋谷商店

日付		摘要	借方	貸方	借/貸	残高
9	1	前月繰越	500,000		借	500,000
	14	売り上げ	300,000		〃	800,000
	17	返品		70,000	〃	730,000
	30	入金		350,000	〃	380,000
	〃	次月繰越		380,000		
			800,000	800,000		
10	1	前月繰越	380,000		借	380,000

買掛金元帳

品川商店

日付		摘要	借方	貸方	借/貸	残高
9	1	前月繰越		500,000	貸	500,000
	11	仕入れ		300,000	〃	800,000
	15	返品	10,000		〃	790,000
	30	支払い	400,000		〃	390,000
	〃	次月繰越	**390,000**			
			800,000	800,000		
10	1	前月繰越		390,000	貸	390,000

大崎商店

日付		摘要	借方	貸方	借/貸	残高
9	1	前月繰越		400,000	貸	400,000
	15	仕入れ		300,000	〃	700,000
	19	返品	60,000		〃	640,000
	30	支払い	350,000		〃	290,000
	〃	次月繰越	**290,000**			
			700,000	700,000		
10	1	前月繰越		290,000	貸	290,000

売掛金明細表 9月30日		買掛金明細表 9月30日	
新宿商店	320,000 円	品川商店	390,000 円
渋谷商店	380,000 円	大崎商店	290,000 円
合計	700,000 円	合計	680,000 円

　総勘定元帳の売掛金勘定・買掛金勘定は売掛金元帳・買掛金元帳の統括勘定なので、売掛金・買掛金の前月末残高は、売掛金元帳・買掛金元帳の各勘定の前月繰越高の合計金額になります。総勘定元帳は標準式の帳簿を使いますが、ここでは簡便法としてT勘定を使いました。売掛金元帳・買掛金元帳はふつう残高式の帳簿を使います。これらの帳簿は売掛金と買掛金の管理のために利用するために、残高を把握できるようにしておく必要があるからです。通常、売掛

金元帳は売掛金係（得意先係）が、買掛金元帳は買掛金係（仕入先係）が記帳します。総勘定元帳は会計係が記帳するので、このように分担して記入することによって不正や誤謬を防ぐことができます。売掛金元帳・買掛金元帳は管理に重点があるための、月次で締め切って残高を確認します。これに対して総勘定元帳は決算時に締め切るので、月次で締め切ることはありません。

　まず、前月からの繰越高を記入します。売掛金勘定には 900,000 円、新宿商店勘定には 400,000 円、渋谷商店勘定には 500,000 円が、買掛金勘定には 900,000 円、品川商店には 500,000 円、大崎商店には 400,000 円が、9/1 付けで記入します。ただし、売掛金勘定と買掛金勘定には「前月繰越」ではなく、前月末の残高を記入します。

　9/9 は売掛金勘定借方と、新宿商店勘定借方に記入します。総勘定元帳の記入は会計係が仕訳帳から転記する形で記入するので、摘要欄には相手勘定科目を記入します。売掛金元帳の新宿商店勘定への記入は得意先係が仕訳を前提としないで記入するので、摘要欄には取引の内容を簡潔にまとめて記入します。

　その他の取引も同様に記入します。ひとつの取引が、別の帳簿に別の担当者によって記入されることになるので、売掛金元帳の各勘定の借方と貸方の合計は売掛金勘定の借方と貸方の合計と、買掛金元帳の各勘定の借方と貸方の合計は買掛金勘定借方と貸方の合計と一致します。この関係は、以下のようになります。

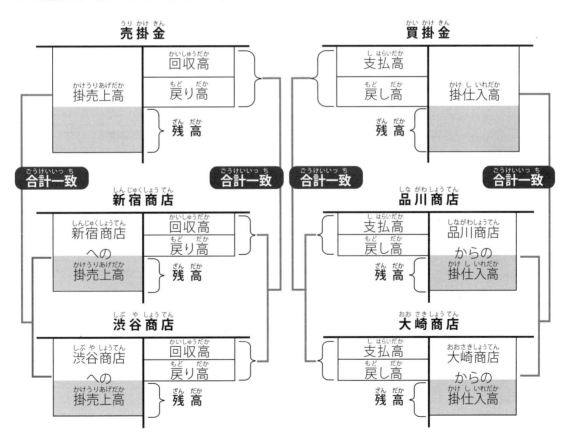

売掛金、クレジット売掛金や受取手形などの債権を**営業債権**といいますが、これらは得意先の倒産や資金繰りの失敗などの原因によって回収できなくなることがあります。このように営業債権が回収できなくなることを**貸倒れ**といいます。

貸倒れが発生したときは、その営業債権はもう回収できなくなったとして、貸方に仕訳して減少させるとともに、営業上の損失が増加したとして**貸倒損失**（費用）の借方に記入します。たとえば得意先が倒産したため、同店に対する売掛金 300,000 円が回収不能になった場合は、つぎのように仕訳します。

（貸 倒 損 失）	300,000	（売 掛 金）	300,000

売掛金が回収不能になったため、売掛債権が消滅して減少したと考え、売掛金の減少として貸方に記入します。その結果、営業損失が発生したので、貸倒損失が増加したとして借方に記入します。

ところが一旦貸倒処理したものの、何かの理由で回収できる場合があります。その回収できた債権が前期以前に貸倒処理したものであれば、**償却債権取立益勘定**（収益）の貸方に記入します。たとえば前期に貸倒処理した売掛金 300,000 円のうち、50,000 円について現金で回収できた場合には、つぎのように仕訳します。

（現 金）	50,000	（償 却 債 権 取 立 益）	50,000

貸倒処理したが回収できたということは、その分前期に貸倒損失として費用計上しすぎたことになります。でも前期の決算は終了していますので、それを訂正することはできません。そのため償却債権取立益として当期の収益に計上して、前期の損益を修正します。前期の費用と当期の収益として、期間的に調整します。

回収できた債権が当期の債権だった場合には、費用として計上した貸倒損失がなかったものとして、貸方に仕訳します。同じ会計期間なので、貸倒損失を減額します。

（現 金）	50,000	（貸 倒 損 失）	50,000

1 つぎの取引を仕訳しなさい。

① 新宿商店に商品 60,000 円を販売し、代金のうち 20,000 円は現金で受け取り、残額は掛とした。なお、当店負担の発送運賃 3,000 円を現金で支払った。

② 大崎商店から商品 30,000 円を仕入れ、代金は掛とした。なお、引取運賃 5,000 円は現金で支払った。

③ ①で新宿商店に販売した商品の一部が不良品であったため、1,000 円分が返品された。

④ ②で大崎商店から仕入れた商品のうち 7,000 円を品違いのため返品した。

⑤ 新宿商店に対する売掛金のうち 30,000 円を現金で回収した。

⑥ 大崎商店に対する買掛金のうち 25,000 円を、小切手を振り出して支払った。

⑦ 渋谷商店に商品 50,000 円を販売し、代金のうち 20,000 円は同店振り出しの小切手で受け取りただちに当座預金に預け入れ、残額は掛とした。

⑧ 渋谷商店に対する売掛金のうち 2,000 円を当店振り出しの小切手で受け取った。

⑨ 品川商店から商品 50,000 円を仕入れ、代金のうち 20,000 円は現金で支払い、残額は掛とした。

⑩ 新宿商店に商品 30,000 円を販売して代金は掛とした。なお、先方負担の発送運賃 2,000 円は現金で立替払いした。

⑪ 得意先厚木商店に対する売掛金 20,000 円が回収不能になった。

⑫ 前期に貸倒処理した得意先厚木商店に対する売掛金 20,000 円のうち、3,000 円について現金で回収できた。

2 つぎの取引を仕訳して総勘定元帳に転記するとともに、買掛金元帳を記入しなさい。各勘定は月末に締め切るものとする。

〔取引〕

4/1 前月繰越高 買掛金勘定 457,000 円

品川商店勘定 321,000 円 大崎商店勘定 136,000 円

7 品川商店から商品 148,000 円を掛けで仕入れた。なお、引取費用 12,000 円は現金で支払った。

8 品川商店から仕入れた商品 15,000 円を品違いのため返品した。

12 大崎商店から商品 350,000 円を仕入れ、150,000 円は小切手を振り出して支払い、残額は掛けとした。

13 大崎商店から仕入れた商品 20,000 円を汚損のため返品した。

25 大崎商店の買掛金 268,000 円を小切手を振り出して支払った。
29 品川商店の買掛金 356,000 円を普通預金から振り替えて支払った。

総 勘 定 元 帳

買 掛 金

	4/1 前月末残高

買 掛 金 元 帳

品 川 商 店

日付		摘 要	借 方	貸 方	借/貸	残 高
4	1	前月繰越				

68

大崎商店

日付	摘要	借方	貸方	借/貸	残高
4　1	前月繰越				

3　CS 商事の 8 月中の売掛金に関する取引の勘定記録は以下のとおりである。下記勘定の空欄のうち、(A) ～ (E) にはつぎに示した [語群] の中から適切な語句を選択し記号で解答するとともに、(①) ～ (⑤) には適切な金額を記入しなさい。なお、得意先は下記の 2 店のみとし、各勘定は毎月末に締め切っている。

[語群] ア．前月繰越　イ．次月繰越　ウ．現金　エ．普通預金　オ．売上　カ．売掛金

総勘定元帳
売　掛　金

8/ 1　前月繰越	398,000		8/ 9　売上	(	)
8　(D)　(③)			15　(A)	126,000	
( )　( )	230,000		( )　売上	(①)	
			25　(B)	(②)	
			31　(C)	315,000	
	( )			( )	

得意先元帳

新宿商店

8/ 1	前月繰越	234,000	8/ 9	( )	( )
8	売上げ	( )	25	現金支払い	312,000
			31	( )	(④)
		384,000			384,000

渋谷商店

8/ 1	(E)	( )	8/15	普通預金支払い	(⑤)
21	売上げ	230,000	22	返品	( )
			31	( )	253,000
		394,000			394,000

Step 05 手形、電子記録債権・債務

5-1 受取手形と支払手形

　商品の売買代金を受け取ったり、支払ったりするために、現金、当座預金、普通預金、売掛金・買掛金が利用されますが、この他にも方法があります。そのひとつが手形です。手形は支払相手、支払期日、支払場所、支払金額などを明記した書類です。手形には約束手形と為替手形という法律上の区別がありますが、ここでは約束手形を扱います。**約束手形**とは、振出人（支払人）が名宛人（受取人）に対して、一定の期日に一定の金額を支払うことを約束することを明記した書類です。債権・債務を手形の形にすると、それを譲り渡すことができたり、支払期日前に換金することができたりします。売掛金・買掛金の形ではそういうことはできません。これが手形を利用する理由のひとつです。

　約束手形の例を見てみましょう。CS 商事が AB 工業から商品を仕入れ、その代金を 12 月 26 日に銀行口座から支払うことを約束して振り出したのが、つぎの約束手形です。

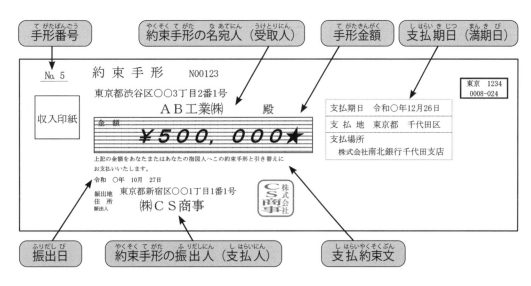

　約束手形を商品の代金として受け取ったときには、手形債権の増加として**受取手形勘定**（資産）の借方に記入します。受取手形勘定は、商品売買取引のような営業取引から発生する手形債権を処理する勘定です。逆に、手形の代金を受け取った場合に手形債権の減少として貸方に記入します。

　これに対して、約束手形を商品の代金の支払いや買掛金の支払いのために振り出したときは

手形債務の増加として、**支払手形勘定**（負債）の貸方に記入します。支払手形勘定は、営業取引から発生する手形債務を処理する勘定です。逆に、手形の代金を支払った場合に手形債務の減少として借方に記入します。

これらの関係を図示すると、つぎのようになります。

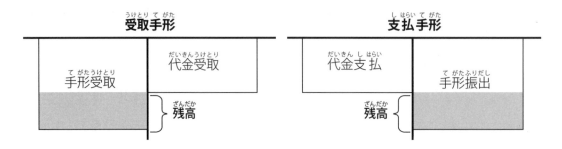

では約束手形を使った取引例を考えてみましょう。

〔取引例1〕
①　CS 商事は AB 工業から商品 500,000 円を仕入れ、代金として AB 工業宛の約束手形を振り出して支払った。
②　CS 商事は YZ 電器から 400,000 円の売掛代金として、同店振出の約束手形を受け取った。

①の取引は商品売買で約束手形を使う取引です。このとき発行されるのが 71 ページのような約束手形です。両商店の関係を図に示すと、つぎのようになります。

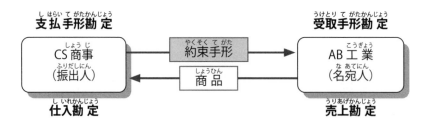

CS 商事は約束手形を振り出す側で、振出人といいます。商品を仕入れ（仕入）、その代金として手形債務（支払手形）が発生します。AB 工業は約束手形を受け取る側で、名宛人あるいは受取人といいます。商品を販売し（売上）、その代金として手形債権（受取手形）が発生します。これを仕訳するとつぎのようになります。約束手形は手形を振り出すと支払手形で、手形を受け取ると受取手形になります。

| CS 商事 | （仕　　　入） | 500,000 | （支　払　手　形） | 500,000 |
| AB 工業 | （受　取　手　形） | 500,000 | （売　　　上） | 500,000 |

②の取引は掛け代金の授受に手形を使う取引です。この取引ではYZ電器はCS商事の得意先であり、CS商事はYZ電器に対して売掛金があり、逆にCS商事はYZ電器の仕入先で、YZ電器はCS商事に対して買掛金があるということが前提となります。YZ電器ではCS商事に対する買掛金の債務をCS商事に対する支払手形の債務にし、CS商事ではYZ電器に対する売掛金の債権をYZ電器に対する受取手形の債権にして、代金の受け払いをします。これによって代金の受け払い期間は延長されます。

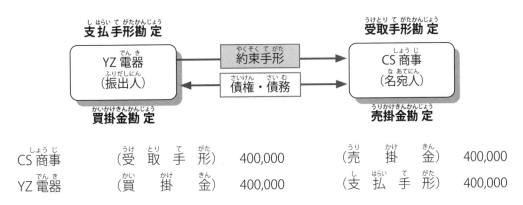

| CS商事 | （受　取　手　形） | 400,000 | （売　　掛　　金） | 400,000 |
| YZ電器 | （買　　掛　　金） | 400,000 | （支　払　手　形） | 400,000 |

5-2 手形代金の回収・支払

　手形の代金は支払期日に決済されます。受取手形は通常、支払期日に取引銀行にたいして取り立ての依頼をします。取引銀行は手形交換所（電子交換所）を通じて、相手先の取引銀行から手形代金を回収し、依頼者の銀行口座に入金します。このとき、受取手形はなくなるので、受取手形勘定の貸方に記入されます。

　支払手形は支払期日に当該口座から手形代金が引き出され、相手先の銀行口座に振り込まれることで支払いが完了します。このとき支払手形はなくなるので、支払手形勘定の借方に記入されます。

〔取引例2〕
①　〔取引例1〕①でCS商事が振り出した約束手形500,000円について、AB工業は取引銀行に取り立てを依頼していたが、本日CS商事の当座預金口座から当店の当座預金口座に入金された旨の通知があった。
②　〔取引例1〕②でYZ電器が振り出した約束手形400,000円について、YZ電器の当座預金口座からCS商事の当座預金口座に入金された旨の通知があった。

　支払期日が近づくと手形所有者は自分の取引銀行にその取り立てを依頼します。銀行は手形交換所（電子交換所）を通じて相手の銀行からその代金を取り立てて、預金口座に入金します。

①の取引では、AB工業の当座預金口座に手形代金が入金されるので、AB工業では当座預金（資産）が増加し、受取手形（資産）が減少する仕訳をします。CS商事では当座預金口座から手形代金を支払うので、支払手形（負債）が減少し、当座預金（資産）が減少する仕訳をします。

CS商事	（支払手形）	500,000	（当座預金）	500,000
AB工業	（当座預金）	500,000	（受取手形）	500,000

②の取引では、CS商事は当座預金（資産）が増加し、受取手形（資産）が減少する仕訳をし、YZ電器は支払手形（負債）が減少し、当座預金（資産）が減少する仕訳をします。

CS商事	（当座預金）	400,000	（受取手形）	400,000
YZ電器	（支払手形）	400,000	（当座預金）	400,000

5-3 受取手形記入帳・支払手形記入帳

手形に関する債権・債務については、仕訳帳・元帳に記入するほか、その明細を補助記入帳としての**受取手形記入帳**と**支払手形記入帳**に記入します。

手形記入帳には日付、摘要、手形種類、手形番号、支払人（受取人）、振出人・裏書人、振出日、満期日、支払場所、金額、てん末を記入します。これは手形の受け払いを管理するために行います。受取手形記入帳には支払人や振出人・裏書人を記入する欄があり、誰に手形代金を請求できるかを明記します。また支払手形記入帳には受取人、振出人を記入する欄がありますが、約束手形の場合は自分が振出人になります。てん末欄には、受取手形記入帳には代金の受け取り、裏書譲渡、割引の日付を、支払手形記入帳には支払いの日付を記入します。つぎの取引例を使って、受取手形記入帳と支払手形記入帳の記入を考えてみましょう。

〔取引例3〕

4/ 5　品川商店に買掛金400,000円の支払いとして、同店宛の約束手形#22（振出日4/5、満期日6/4、支払場所 関西銀行大宮支店）を振り出した。

　20　新宿商店に商品750,000円を販売し、代金として、同店振出の約束手形#55（振出日4/20、満期日7/19、支払場所 関西銀行新宿支店）を受け取った。

6/ 2　新宿商店から売掛金の代金300,000円として、同店振出の約束手形#11（振出日6/2、満期日9/2、支払場所　関西銀行新宿支店）を受け取った。

　 8　大崎商店から商品300,000円を仕入れ、代金として、同店宛の約束手形#19（振出日6/8、満期日9/7、支払場所　関西銀行大宮支店）を振り出した。

4　4/5 に振り出した約束手形 #22 が満期日となったので、当座預金口座から手形金額を振り替えた。

7/19　4/20 に受け取った約束手形 #55 が満期日となり、当座預金口座に入金された。

　約束手形を受け取ったときには、受取手形記入帳の金額欄より左の欄に必要事項を記入します。また、約束手形を振り出したときには、支払手形記入帳の金額欄より左の欄に必要事項を記入します。

　受取手形が満期で入金されたときは、受取手形記入帳のてん末欄にその旨を記入します。また、支払手形の代金を支払ったときは、支払手形記入帳のてん末欄にその旨を記入します。

　たとえば、4/5 は買掛金支払いのための約束手形の振出なので、支払手形記入帳に、日付、摘要、手形種類、番号の順に金額まで記入します。摘要欄には債務が発生した理由を簡単に記入します。解答では「買掛金」としましたが、「買掛金支払い」などでも大丈夫です。受取人欄には手形の債権者を記入し、振出人欄には手形の振出人を記入します。約束手形なので、当店が振出人になります。その他の欄も必要事項を記入します。てん末欄は、手形の代金を支払ったときに記入するので、ここでは記入しません。

支払手形記入帳

令和○年		摘要	手形種類	手形番号	受取人	振出人	振出日		満期日		支払場所	金額	てん末	
													日付	摘要
4	5	買掛金	約手	22	品川商店	当店	4	5	6	4	関西銀行	400,000		

　4/20 は商品売上のための約束手形の受け取りなので、受取手形記入帳に記入します。摘要欄にはその債権が発生した理由を記入し、支払人欄には為替手形の名宛人、振出人・裏書人欄には振出人を記入します。4/5 と同様に金額欄まで記入し、てん末欄は記入しないで空けておきます。

受取手形記入帳

令和○年		摘要	手形種類	手形番号	支払人	振出人裏書人	振出日		満期日		支払場所	金額	てん末	
													日付	摘要
4	20	売上	約手	55	新宿商店	新宿商店	4	20	7	19	関西銀行	750,000		

6/2 は売掛金の代金回収のための約束手形の受け取りなので、受取手形記入帳に記入します。記入は 4/20 と同様です。

受取手形記入帳

令和○年		摘要	手形種類	手形番号	支払人	振出人裏書人	振出日		満期日		支払場所	金額	てん末	
													日付	摘要
4	20	売上	約手	55	新宿商店	新宿商店	4	20	7	19	新宿商店	750,000		
6	2	売掛金	〃	11	新宿商店	新宿商店	6	2	9	2	関西銀行	300,000		

6/8 は商品仕入のための約束手形の振出しなので、支払手形記入帳に記入します。記入は 4/5 と同様です。

支払手形記入帳

令和○年		摘要	手形種類	手形番号	支払人	振出人	振出日		満期日		支払場所	金額	てん末	
													日付	摘要
4	5	買掛金	約手	22	品川商店	当店	4	5	6	4	関西銀行	400,000		
6	8	仕入	〃	19	大崎商店	当店	6	8	9	7	〃	300,000		

6/4 は手形代金の支払いなので、支払手形記入帳の 4/5 の記入のてん末欄に、日付と摘要を記入します。摘要には手形債務の消滅の理由を記入します。

支払手形記入帳

令和○年		摘要	手形種類	手形番号	支払人	振出人	振出日		満期日		支払場所	金額	てん末	
													日付	摘要
4	5	買掛金	約手	22	品川商店	当店	4	5	6	4	関西銀行	400,000	6 4	満期支払
7	8	仕入	〃	19	大崎商店	当店	7	8	10	7	〃	300,000		

6/26 は手形代金の受け取りなので、受取手形記入帳の 6/2 の記入のてん末欄に、日付と手形債権の消滅した理由を記入します。

受取手形記入帳

令和○年		摘要	手形種類	手形番号	支払人	振出人裏書人	振出日		満期日		支払場所	金額	てん末	
													日付	摘要
4	20	売上	約手	55	新宿商店	新宿商店	4	20	7	19	関西銀行	750,000		
6	2	売掛金	〃	11	新宿商店	新宿商店	6	2	9	2	関西銀行	300,000	6 26	満期受取

7/19 も手形代金の受け取りなので、受取手形記入帳の 4/20 の記入のてん末欄に、日付と手形債権の消滅した理由を記入します。

受 取 手 形 記 入 帳

令和 ○年		摘要	手形 種類	手形 番号	支払 人	振出人 裏書人	振出日		満期日		支払 場所	金額	てん末	
													日付	摘要
4	20	売上	約手	55	新宿商店	新宿商店	4	20	7	19	関西銀行	750,000	7 19	満期受取
6	2	売掛金	〃	11	新宿商店	新宿商店	6	2	9	2	関西銀行	300,000	6 26	満期受取

参考として〔取引例 3〕を仕訳すると、つぎのようになります。

4/ 5	(買 掛 金)	400,000	(支 払 手 形)	400,000
20	(受 取 手 形)	750,000	(売 上)	750,000
6/ 2	(受 取 手 形)	300,000	(売 掛 金)	300,000
8	(仕 入)	300,000	(支 払 手 形)	300,000
4	(支 払 手 形)	400,000	(当 座 預 金)	400,000
26	(普 通 預 金)	300,000	(受 取 手 形)	300,000
7/19	(当 座 預 金)	750,000	(受 取 手 形)	750,000

受 取 手 形 記 入 帳

令和 ○年	摘要	手形 種類	手形 番号	支払 人	振出人 裏書人	振出日	満期日	支払 場所	金額	てん末	
										日付	摘要

支 払 手 形 記 入 帳

令和 ○年	摘要	手形 種類	手形 番号	受取人	振出人	振出日	満期日	支払 場所	金額	てん末	
										日付	摘要

　ここまで説明してきた手形は、商品売買やその代金の授受のような商取引に利用される手形で、**商業手形**といいます。これに対して、金銭の貸借のために手形を用いることもあり、この場合の手形を**金融手形**といいます。

　借用証書の代わりに約束手形を振出して金銭を借りる場合、その手形の振出しは**手形借入金勘定**（負債）の貸方に記入される。逆に借用証書の代わりに約束手形を受取って金銭を貸す場合、その手形の受取りは**手形貸付金勘定**（資産）の借方に記入します。

〔取引例4〕
①　池袋商店は、田端商店から500,000円を借入れるため、同額の約束手形を振出した。なお、借入金は利息を差引き、残額を同店振出の小切手で受取った。借入期間は183日で、利率は年7.3%である。
②　返済期日が来たので、池袋商店は上記手形金額500,000円を小切手を振出して返済した。

　①は池袋商店が手形を使って金銭を借り、田端商店が手形を使って金銭を貸す取引です。手形を使うので、借入金、貸付金ではなく、手形借入金、手形貸付金になります。利息は日割りで計算します。

$$500,000\,円 \times 7.3\% \times \frac{183\,日}{365\,日} = 18,300\,円$$

池袋商店	（現　　　金）	481,700	（手形借入金）	500,000
	（支 払 利 息）	18,300		
田端商店	（手形貸付金）	500,000	（当 座 預 金）	481,700
			（受 取 利 息）	18,300

　②は返済の取引です。借入側は小切手を振り出して支払い、貸付側はそれを受け取ったので、つぎのような仕訳になります。

池袋商店	（手形借入金）	500,000	（当 座 預 金）	500,000
田端商店	（現　　　金）	500,000	（手形貸付金）	500,000

　この〔取引例4〕では、借入れのときに利息を支払いましたが、返済のときに支払うことにすると、つぎのような仕訳になります。

① 池袋商店	（現 金）	500,000		（手形借入金）	500,000
田端商店	（手形貸付金）	500,000		（当 座 預 金）	500,000
② 池袋商店	（手形貸付金）	500,000		（当 座 預 金）	518,300
	（支 払 利 息）	18,300			
田端商店	（現 金）	518,300		（手形貸付金）	500,000
				（受 取 利 息）	18,300

5-5 電子記録債権・債務

　ここまで説明してきた手形という書類を使う代わりに、同じような効果をもたらす方法として、電子債権記録機関に債権や債務を電子化して記録する方法があります。この時、電子化した債権を**電子記録債権**、債務を**電子記録債務**といい、**電子記録債権勘定**（資産）と**電子記録債務勘定**（負債）に記入します。手形と同じ効果を電子記録という方法で行うもので、電子記録債権は受取手形、電子記録債務は支払手形と考えるとわかりやすいでしょう。売掛金や買掛金などの債権・債務を電子記録することによって、第三者に譲り渡したり、支払期日前に換金したりすることが可能になります。また手形では必要だった収入印紙を貼付しなくてよくなり、印紙税がなくなります。債権・債務の電子記録請求は、取引銀行を通じて債権者、債務者のどちらからでもでき、相手が承認したときに電子記録債権・債務が発生します。

　買掛金などの代金の支払いとして電子記録債務の発生記録をすると、電子記録債務が増加するので、電子記録債務勘定の貸方に記入し、支払ったときには電子記録債務勘定の借方に記入します。これに対して、売掛金などの代金の受け取りとして電子記録債権の発生記録がされると、電子記録債権が増加するので、電子記録債権勘定の借方に記入し、代金を受け取ったときには電子記録債権勘定の貸方に記入します。

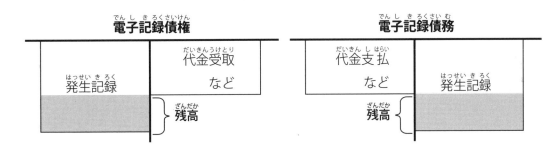

それでは、電子記録債権・債務についての取引例を考えてみましょう。

〔取引例5〕
① 新宿商店は品川商店に対する買掛金12,000円に対して、電子債権記録機関に債務の発生記録を請求し、品川商店の承諾を得た。
② 新宿商店は電子記録債務の支払期日が来たので、当座預金口座から相手の当座預金口座に振り込んだ。

この取引例の①は買掛債務をもつ新宿商店が債務の発生記録を請求しており、売掛債務をもつ品川商店はそれを承諾しています。そのため新宿商店の買掛金は電子記録債務に、品川商店の売掛金は電子記録債権になります。これにより債権の譲渡や早期の換金が可能になります。仕訳はつぎのようになります。

新宿商店 （買　掛　金） 12,000 （電子記録債務） 12,000
品川商店 （電子記録債権） 12,000 （売　掛　金） 12,000

②の取引は電子記録された債権・債務が決済された取引です。それぞれの当座預金口座で債権・債務の受け取りと支払いが行われます。

新宿商店 （電子記録債務） 12,000 （当　座　預　金） 12,000
品川商店 （当　座　預　金） 12,000 （電子記録債権） 12,000

練習問題

1 つぎの取引について、仕訳をしなさい。

① 新宿商店から商品500,000円を仕入れ、代金の支払いとして、約束手形を振り出し、新宿商店に渡した。
② 品川商店へ商品600,000円を販売し、代金として当店宛の約束手形を受取った。
③ 渋谷商店に買掛金400,000円の代金として、同店宛の約束手形を振出して渡した。
④ 品川商店から受取っていた約束手形350,000円について、取引銀行に取り立てを依頼していたが、本日取引銀行から当座預金口座に入金された旨の通知があった。
⑤ 新宿商店に渡した500,000円の約束手形の期限が到来し、取引銀行の当座預金口座から支払われた旨の通知を受けた。

⑥ 渋谷商店から商品 380,000 円を仕入れ、代金のうち 300,000 円は同店宛ての約束手形を振り出して支払い、残額は掛けとした。

⑦ 大崎商店に現金 600,000 円を貸し付け、同店振出しの約束手形を受け取った。貸付期間は 5 月 1 日から 7 月 31 日で、利率は年 2.92%である。（両者の仕訳をすること）

⑧ ⑦の貸付金の返済期日になり、利息とともに小切手で返済を受けた。（両者の仕訳をすること）

⑨ 品川商店に対する売掛金 800,000 円の回収のため、取引銀行を通じて発生記録の請求を行い、品川商店の承諾を得て電子記録を行った。

⑩ 新宿商店から買掛金 300,000 円について、先方の取引銀行を通じて発生記録の請求がなされた旨の通知があり、承諾をした。

⑪ 大崎商店の取引銀行から、売掛金 450,000 円に対して発生記録を請求した旨の通知があり、それを承諾した。

⑫ 渋谷商店に対する買掛金 640,000 円について、取引銀行を通じて電子債権記録機関に発生記録の請求を行い、先方の承諾を得て電子記録を行った。

⑬ 品川商店に対する電子記録債権 800,000 円の支払期限になり、普通預金に振り込まれた。

⑭ 渋谷商店に対する電子記録債務 640,000 円を当座預金口座を通じて支払った。

2 つぎの帳簿について、以下の問いに答えなさい。

① この帳簿の名称を答えなさい。
② 4/25、5/6、7/25 の取引を仕訳しなさい。ただし、決済は当座預金を使うものとする。

(　　　　　　　　　　　)

令和〇年		摘要	手形種類	手形番号	支払人	振出人裏書人	振出日		満期日		支払場所	金額	てん末	
													日付	摘要
4	25	売掛金	約手	55	大崎商店	大崎商店	4	25	7	25	関東銀行	400,000	7	25	満期受取
5	6	売上	約手	11	品川商店	品川商店	5	6	8	6	湘南銀行	500,000			

3 つぎの帳簿について、以下の問いに答えなさい。

① この帳簿の名称を答えなさい。

② 4/5、6/4、7/8 の取引を仕訳しなさい。ただし、決済は当座預金を使うものとする。

(　　　　　　　　　　　　)

令和○年		摘要	手形種類	手形番号	受取人	振出人	振出日		満期日		支払場所	金額	てん末		
													日付		摘要
4	5	仕入	約手	22	新宿商店	当店	4	5	6	4	関東銀行	500,000	6	4	満期支払
7	8	買掛金	約手	19	渋谷商店	当店	7	8	10	7	関東銀行	400,000			

Step 06 有形固定資産

6-1 有形固定資産とは

固定資産は、企業が長期間（1年を超える期間）にわたって使用または利用する目的で所有する資産のことです。固定資産は、さらに有形固定資産、無形固定資産、そして投資その他の資産の3つに分類できます。

このうち有形固定資産は具体的な形がある固定資産のことで、つぎのようなものがあります。これらは、有形固定資産の勘定科目として使われます。

① 建物 ………… 店舗、事務所、工場、倉庫などの営業用の建物
② 備品 ………… 事務用の机、椅子、陳列棚、OA機器など備えつけの物品
③ 車両運搬具… 業務用トラック、乗用車、オートバイなどの車両
④ 土地 ………… 店舗、事務所、工場、倉庫などの敷地となる土地

6-2 有形固定資産の取得

有形固定資産はそれを取得したとき、それぞれの勘定の借方に取得原価で記入されます。有形固定資産の取得原価は、購入代価に付随費用（仲介手数料、引取運賃、据付費、試運転費、登記料、整地費用など）を加えたものです。

有形固定資産の取得原価＝購入代価＋付随費用

有形固定資産を取得したときには、取得原価をその有形固定資産勘定（**建物勘定、備品勘定、車両運搬具勘定、土地勘定**など）の借方に記入します。

たとえば、営業用の建物を3,000,000円で購入して代金を小切手を振り出して支払い、仲介手数料120,000円と登記料90,000円を現金で支払う場合、つぎのように仕訳します。

（建　　　物）	3,210,000	（当 座 預 金）	3,000,000
		（現　　　金）	210,000

有形固定資産の取得後に、その固定資産を改良や修繕することがあります。そのとき、有形固定資産の価値が上がったり、性能がよくなったり、あるいは使用できる年数を延ばすような工事のことを改良といって、このための支出を資本的支出といいます。資本的支出は、その有形固定資産の帳簿価額を増加させる支出です。これに対して、日常的に行われる修理や点検のための支出を収益的支出といい、修繕費（費用）として処理します。

　たとえば、工場の建物を補修し、1,000,000円を現金で支払うとします。この補修費用のうち80%は耐震補強で、残りは通常の整備であるとします。耐震補強工事は改良のための支出と考えられますので、建物勘定に加えることになります。

（建　　　物）	800,000		（現　　　金）	1,000,000
（修　繕　費）	200,000			

6-3　固定資産の減価償却

　土地を除く有形固定資産は、それを使用することや時が経過することによって、その価値が減少します。価値が減少する理由は、使用することによって摩滅して動きが悪くなったり、ひびが入ったりする物質的な原因と、高い機能の新しいものができて相対的に機能が落ちて価値が下がったり、企業環境の変化に適応しなくなったりする機能的な原因があります。

　この価値の減少を定期的に計算して、当期の費用として**減価償却費勘定**（費用）に計上し、その減少額をその有形固定資産から差し引く手続きが**減価償却**です。

　減価償却費の金額の計算方法としては、**定額法**を覚えてください。これは、耐用年数にわたって毎年同じ金額ずつ価値が減少していくと考えて、減価償却費を計算する方法で、つぎのように計算します。

$$1年間の減価償却費 = \frac{取得原価 - 残存価額}{耐用年数}$$

　ここで、取得原価は前述したように有形固定資産の取得に要した金額です。**耐用年数**はその有形固定資産が使用できると考えられる期間で、通常は税法で決められた期間が使われます。**残存価額**は耐用年数が来たときのその有形固定資産の残っている価値で、以前は取得原価の10%とすることが多かったのですが、最近はゼロと考えます。残存価額をゼロとした場合、減価償却費の計算式はつぎのようになります。

$$1年間の減価償却費 = 取得原価 \div 耐用年数$$

　残存価額をゼロとする場合、耐用年数最後の会計期間の減価償却費は、この計算式の値から

1を引いた金額とします。これは最後の年も同じように減価償却すると有形固定資産の帳簿価額が帳簿から消えてしまうからです。最後に1円を残すことによって、耐用年数が来た有形固定資産が残っていることを表示します。

たとえば、取得原価300,000円、耐用年数3年の備品を減価償却すると、つぎのようになります。

① 残存価額を取得原価の10%とする場合

$$1\text{～}3\text{年目}\quad (300{,}000\text{円}-300{,}000\text{円}\times10\%)\div3\text{年}=300{,}000\text{円}\times90\%\div3\text{年}$$
$$=90{,}000\text{円}$$

② 残存価額をゼロとする場合

1～2年目　　　300,000円÷3年＝100,000円
3年目　　　　 300,000円÷3年－1円＝99,999円

また、会計期間の途中で有形固定資産を取得したり、売却したりするときには、減価償却費は月割りで計算します。たとえば、上記の備品を決算日の3か月前に取得して使用を始めたのなら、最初の会計期間の減価償却費はつぎのように計算します。

① 300,000円×90%÷3年÷12か月×3か月＝22,500円
② 300,000円÷3年÷12か月×3か月＝25,000円

有形固定資産の減価償却費は**間接法**という方法で記帳します。これは減価償却費を、その有形固定資産の帳簿価額から直接控除するのではなく、**減価償却累計額勘定**（資産の評価勘定）を設定して、それをその固定資産勘定の残高（取得原価）から控除して、間接的に有形固定資産の帳簿価額を減らす方法です。この方法によれば、直接的には帳簿価額は分かりませんが、固定資産の取得原価と減価償却累計額の両方が明らかとなることから、合理的な方法であるといえます。上述の例の②の金額を仕訳するとつぎのようになります。

　（減 価 償 却 費）　　　100,000　　　（備品減価償却累計額）　　　100,000

この取引を3年分、総勘定元帳に記入すると、つぎのようになります。

備 品

日付		摘 要	仕丁	借 方	日付		摘 要	仕丁	貸 方
4	1	現　　　金		300,000	3	31	次 期 繰 越	✓	300,000
4	1	前 期 繰 越	✓	300,000	3	31	次 期 繰 越	✓	300,000
4	1	前 期 繰 越	✓	300,000	3	31	次 期 繰 越	✓	300,000
4	1	前 期 繰 越	✓	300,000					

備品減価償却累計額

日付		摘 要	仕丁	借 方	日付		摘 要	仕丁	貸 方
3	31	次 期 繰 越	✓	100,000	3	31	減価償却費		100,000
3	31	次 期 繰 越	✓	200,000	4	1	前 期 繰 越	✓	100,000
					3	31	減価償却費		100,000
				200,000					200,000
3	31	次 期 繰 越	✓	299,999	4	1	前 期 繰 越	✓	200,000
					3	31	減価償却費		99,999
				299,999					299,999
					4	1	前 期 繰 越	✓	299,999

減 価 償 却 費

日付		摘 要	仕丁	借 方	日付		摘 要	仕丁	貸 方
3	31	備品減価償却累計額		100,000	3	31	損　　益		100,000
3	31	備品減価償却累計額		100,000	3	31	損　　益		100,000
3	31	備品減価償却累計額		99,999	3	31	損　　益		99,999

　間接法の記入では、備品勘定は取得原価のまま繰り越されます。備品減価償却累計額勘定は減価償却額が毎年累計されて繰り越されます。この2つの勘定から備品の帳簿価額が分かります。1年目末の帳簿価額は200,000円（備品勘定残高300,000円−備品減価償却累計額残高100,000円）で、2年目末の帳簿価額は100,000円（備品勘定残高300,000円−備品減価償却累計額残高200,000円）になります。3年目末の帳簿価額は耐用年数末なので、1円（備品勘定残高300,000円−備品減価償却累計額残高299,999円）になります。

　不要となった有形固定資産を売却する場合には、その帳簿価額を当該有形固定資産勘定の貸方に記入します。そして、この帳簿価額と売却価額との差額を売却による損益として計上します。

① 売却価額が帳簿価額より高い（売却価額 > 帳簿価額）場合、その差額を**固定資産売却益勘定**（収益）の貸方に記入します。
② 売却価額が帳簿価額より低い（売却価額 < 帳簿価額）場合、その差額を**固定資産売却損勘定**（費用）の借方に記入します。

　土地を除く有形固定資産は毎年価値が下がっていきます。土地は減価しないので、原則として、取得原価が帳簿価額になります。そこでまず、土地の売却を説明しましょう。
　1 m² 当たり 5,000 円で 500 m² 購入した土地があるとします。その時整地費用を 500,000 円、登記料を 50,000 円支払ったとします。そうするとこの土地の取得原価はつぎのように計算されます。

　@ 5,000 円 × 500 m² + 500,000 円 + 50,000 円 = 3,050,000 円
　3,050,000 円 ÷ 500 m² = @ 6,100 円

　土地の取得原価は付随費用を加えて 3,050,000 円で、1 m² 当たり 6,100 円になります。この土地の一部 200 m² を 1 m² 当たり 7,000 円で現金で売却したとすると、売却した土地の帳簿価額、売却価額、固定資産売却損益はつぎのように計算されます。

　帳簿価額：@ 6,100 円 × 200 m² = 1,220,000 円
　売却価額：@ 7,000 円 × 200 m² = 1,400,000 円
　売却損益：1,400,000 円 − 1,220,000 円 = 180,000 円（固定資産売却益）

仕訳はつぎのようになります。

　（現　　　　金）　1,400,000　　（土　　　　地）　1,220,000
　　　　　　　　　　　　　　　　　（固定資産売却益）　　180,000

　以上は固定資産売却益が出る例でしたが、1 m² 当たり 5,800 円で売却した場合はつぎのようになります。

帳簿価額：@ 6,100 円 × 200 m² = 1,220,000 円
売却価額：@ 5,800 円 × 200 m² = 1,160,000 円
売却損益：1,160,000 円 − 1,220,000 円 = − 60,000 円（固定資産売却損）

（現　　　　金）	1,160,000		（土　　　　地）	1,220,000	
（固定資産売却損）	60,000				

.

　帳簿価額より低い売却価額で売却したので、固定資産売却損が出ます。固定資産売却益、固定資産売却損勘定は、売却した有形固定資産の勘定科目名を付けて、土地売却益、土地売却損を使うこともできます。

　つぎに減価償却が必要な有形固定資産を売却する場合を考えてみましょう。例えば、当期首に備品を 150,000 円で売却し、代金は現金で受け取ったとします。この備品の取得原価は 600,000 円で、前期末の減価償却累計額は 400,000 円であるとします。そうするとこの備品の帳簿価額はつぎのように計算されます。

帳簿価額：取得原価 600,000 円 − 減価償却累計額 400,000 円 = 200,000 円

　帳簿価額 200,000 円の備品を、150,000 円で売却したことになりますから、固定資産売却損（備品売却損）が 50,000 円発生することになります。仕訳をするとつぎのようになります。

（現　　　　金）	150,000		（備　　　　品）	600,000	
（減価償却累計額）	400,000				
（固定資産売却損）	50,000				

固定資産台帳

　有形固定資産の明細を記録するために、建物台帳、土地台帳などの固定資産台帳を作成しま
す。固定資産台帳は有形固定資産を管理するための補助簿です。この台帳には、固定資産の種
類・用途別に口座を設けて、取得原価、減価償却費、現在有高などを記入します。

建 物 台 帳

番号	001				耐用年数	30 年		
所在地	東京都新宿区〇〇 1-1-1				償却方法	定額法		
面積	300 m²				用途	事務所用		

年月日			摘要	取得原価	減価償却費	現在有高	備考
1	4	1	購入　小切手	9,000,000		9,000,000	
	3	31	減価償却費		300,000	8,700,000	
2	3	31	〃		300,000	8,400,000	

固 定 資 産 台 帳

取得年月日			名称	数量	耐用年数	取得原価	期首減価償却累計額	期首帳簿価額	当期減価償却費	期中減少額	期末減価償却累計額	期末帳簿価額
1	4	1	建物(事務所)	1	30	9,000,000	300,000	8,700,000	300,000	0	600,000	8,400,000
	4	1	備品A	1	5	300,000	60,000	240,000	60,000	0	120,000	180,000
3	9	1	備品B	1	5	400,000	0	0	40,000	0	40,000	360,000

練 習 問 題

1　つぎの取引を仕訳しなさい。

①　営業用の自動車 1,900,000 円を購入し、代金は小切手を振出して支払った。なお、諸
費用 100,000 円は現金で支払った。

②　店舗用地 1,000 m² を 1 m² 当たり 5,000 円で購入し、仲介手数料 250,000 円、登記料
100,000 円とともに小切手を振出して支払った。

③ ②の土地を整地するための費用 150,000 円を現金で支払った。

④ ②、③の土地 200 m² を 1 m² 当たり 6,300 円で売却し、代金は相手振出しの小切手で受け取った。

⑤ ①で購入した自動車の減価償却を行った。残存価額は取得原価の 10%、耐用年数は 5 年、定額法、間接法で償却する。

⑥ ①で購入した自動車を 4 年目の期首に現金 1,100,000 円で売却した。減価償却は間接法で記帳している。

⑦ x3 年 9 月 30 日に備品（取得日 x1 年 4 月 1 日、取得原価 400,000 円、減価償却方法 定額法、耐用年数 5 年、残存価額 取得原価の 10%、記帳方法 間接法、決算日 3 月 31 日、1 年決算）を 210,000 円で売却し、代金は送金小切手で受け取った。なお、減価償却費の計算は月割りによる。

⑧ x3 年 9 月 30 日に備品（取得日 x1 年 4 月 1 日、取得原価 400,000 円、減価償却方法 定額法、耐用年数 5 年、残存価額 ゼロ、記帳方法 間接法、決算日 3 月 31 日、1 年決算）を 210,000 円で売却し、代金は送金小切手で受け取った。なお、減価償却費の計算は月割りによる。

⑨ 事務所を開設する目的で、土地 800 m² を 1 m² 当たり 5,000 円で購入した。購入手数料 45,000 円は現金で仲介業者に支払い、土地代金は月末に支払うことにした。

⑩ 建物の改築と修繕を行い、代金 10,000,000 円を小切手を振り出して支払った。このうち建物の資産価値を高める支出額（資本的支出）は 7,000,000 円であり、建物の現状を維持するための支出額（収益的支出）は 3,000,000 円である。

⑪ 不要になった備品（取得原価 800,000 円、減価償却累計額 560,000 円、間接法で記帳）を期首に 150,000 円で売却し、代金は月末に受け取ることとした。

⑫ 事務用のパソコン 250,000 円を購入し、代金は翌月末に支払うことにした。なお、セッティングのための技術料 20,000 円はすぐに現金で支払った。

⑬ x1 年 1 月 4 日に購入した備品（取得原価 400,000 円、残存価額ゼロ、耐用年数 8 年、定額法で計算、間接法で記帳）が不要になったので、本日（x6 年 12 月 28 日）70,000 円で売却し、代金は翌月末に受け取ることにした。なお、決算は 3 月 31 日とし、減価償却費は月割りで計算する。

Step 07 その他の債権と債務

7-1 貸付金と借入金

　借用証書を使って金銭を貸したときに発生する債権を**貸付金**、借りたときに発生する債務を**借入金**といいます。

　得意先、役員、従業員などに金銭を貸し付けたときは、債権の増加として**貸付金勘定**(資産)の借方に記入し、返済を受けたときは債権の減少として貸方に記入します。

　これに対して、金融機関や他企業などから金銭を借りたときは、債務の増加として**借入金勘定**(負債)の貸方に記入し、これを返済したときは債務の減少として借方に記入します。

　また、借用証書の代わりに手形を使って金銭の貸借を行うことがあります。このときに発生する債権と債務は、この借用証書を使った金銭貸借とは区別します。これについては Step 05 (78 〜 79 ページ)で説明しました。

　会社が金銭を借りる場合、金額、返済期日、返済方法、利息などを明記した借用証書を作成して、相手に渡します。たとえば、利率年 7.3％で、120 日後返済する約束で現金 300,000 円を借り入れたとします。この場合、借主と貸主はつぎのような仕訳をします。

借主	(現　　　　　金)	300,000	(借　入　金)	300,000
貸主	(貸　付　金)	300,000	(現　　　　　金)	300,000

　そして借主が小切手を振り出して利息と一緒に返済したときには、つぎのような仕訳をします。

借主	(借　入　金)	300,000	(当　座　預　金)	307,200
	(支　払　利　息)	7,200		
貸主	(現　　　　　金)	307,200	(貸　付　金)	300,000
			(受　取　利　息)	7,200

※ 300,000 円× 7.3％÷ 365 日× 120 日＝ 7,200 円

　今説明したのは、利息を返済時に授受する場合でしたが、貸し付けたときに利息を受け取る場合もあります。同じ例で、みてみるとつぎのようになります。

<ruby>貸付<rp>(</rp><rt>かしつけ</rt><rp>)</rp></ruby>（<ruby>借入<rp>(</rp><rt>かりいれ</rt><rp>)</rp></ruby>）<ruby>時<rp>(</rp><rt>じ</rt><rp>)</rp></ruby>

<ruby>借主<rp>(</rp><rt>かりぬし</rt><rp>)</rp></ruby>	（<ruby>現<rp>(</rp><rt>げん</rt><rp>)</rp></ruby>　　　　<ruby>金<rp>(</rp><rt>きん</rt><rp>)</rp></ruby>）	292,800	（<ruby>借<rp>(</rp><rt>かり</rt><rp>)</rp></ruby>　<ruby>入<rp>(</rp><rt>いれ</rt><rp>)</rp></ruby>　<ruby>金<rp>(</rp><rt>きん</rt><rp>)</rp></ruby>）	300,000
	（<ruby>支<rp>(</rp><rt>し</rt><rp>)</rp></ruby> <ruby>払<rp>(</rp><rt>はらい</rt><rp>)</rp></ruby> <ruby>利<rp>(</rp><rt>り</rt><rp>)</rp></ruby> <ruby>息<rp>(</rp><rt>そく</rt><rp>)</rp></ruby>）	7,200		
<ruby>貸主<rp>(</rp><rt>かしぬし</rt><rp>)</rp></ruby>	（<ruby>貸<rp>(</rp><rt>かし</rt><rp>)</rp></ruby> <ruby>付<rp>(</rp><rt>つけ</rt><rp>)</rp></ruby> <ruby>金<rp>(</rp><rt>きん</rt><rp>)</rp></ruby>）	300,000	（<ruby>現<rp>(</rp><rt>げん</rt><rp>)</rp></ruby>　　　　<ruby>金<rp>(</rp><rt>きん</rt><rp>)</rp></ruby>）	292,800
			（<ruby>受<rp>(</rp><rt>うけ</rt><rp>)</rp></ruby> <ruby>取<rp>(</rp><rt>とり</rt><rp>)</rp></ruby> <ruby>利<rp>(</rp><rt>り</rt><rp>)</rp></ruby> <ruby>息<rp>(</rp><rt>そく</rt><rp>)</rp></ruby>）	7,200

<ruby>返済<rp>(</rp><rt>へんさい</rt><rp>)</rp></ruby><ruby>時<rp>(</rp><rt>じ</rt><rp>)</rp></ruby>

<ruby>借主<rp>(</rp><rt>かりぬし</rt><rp>)</rp></ruby>	（<ruby>借<rp>(</rp><rt>かり</rt><rp>)</rp></ruby> <ruby>入<rp>(</rp><rt>いれ</rt><rp>)</rp></ruby> <ruby>金<rp>(</rp><rt>きん</rt><rp>)</rp></ruby>）	300,000	（<ruby>当<rp>(</rp><rt>とう</rt><rp>)</rp></ruby> <ruby>座<rp>(</rp><rt>ざ</rt><rp>)</rp></ruby> <ruby>預<rp>(</rp><rt>よ</rt><rp>)</rp></ruby> <ruby>金<rp>(</rp><rt>きん</rt><rp>)</rp></ruby>）	300,000
<ruby>貸主<rp>(</rp><rt>かしぬし</rt><rp>)</rp></ruby>	（<ruby>現<rp>(</rp><rt>げん</rt><rp>)</rp></ruby>　　　　<ruby>金<rp>(</rp><rt>きん</rt><rp>)</rp></ruby>）	300,000	（<ruby>貸<rp>(</rp><rt>かし</rt><rp>)</rp></ruby> <ruby>付<rp>(</rp><rt>つけ</rt><rp>)</rp></ruby> <ruby>金<rp>(</rp><rt>きん</rt><rp>)</rp></ruby>）	300,000

> 借用証書を使って金銭の貸し借りをしたら、貸付金、借入金勘定を使うよ。手形を使って金銭の貸し借りをしたら、手形貸付金、手形借入金勘定を使うよ。利息の計算は原則、日割計算をするよ。決算整理仕訳では月割計算することもあるから、注意してね。

7-2 未収入金と未払金

　営業活動（商品売買）により発生する代金の未回収額・未払額のことを、売掛金・買掛金といいますが、営業活動以外の取引において発生する債権を**未収入金**、債務を**未払金**といって、営業活動により発生する売掛金、買掛金とは区別します。

　固定資産などの商品以外の物品やサービスを売却して代金を後日受け取ることにした場合、その代金は**未収入金勘定**（資産）で処理します。未収金が発生した場合は、その未収額を債権の増加として未収金勘定の借方に記入し、それを回収した場合は、債権の減少として貸方に記入します。たとえば、手数料30,000円を月末に受け取ることにした場合には、つぎのように仕訳します。

（<ruby>未<rp>(</rp><rt>み</rt><rp>)</rp></ruby> <ruby>収<rp>(</rp><rt>しゅう</rt><rp>)</rp></ruby> <ruby>入<rp>(</rp><rt>にゅう</rt><rp>)</rp></ruby> <ruby>金<rp>(</rp><rt>きん</rt><rp>)</rp></ruby>）	30,000	（<ruby>受<rp>(</rp><rt>うけ</rt><rp>)</rp></ruby> <ruby>取<rp>(</rp><rt>とり</rt><rp>)</rp></ruby> <ruby>手<rp>(</rp><rt>て</rt><rp>)</rp></ruby> <ruby>数<rp>(</rp><rt>すう</rt><rp>)</rp></ruby> <ruby>料<rp>(</rp><rt>りょう</rt><rp>)</rp></ruby>）	30,000

　これに対して、商品以外の物品やサービスを購入して代金を後日支払うことにした場合、その代金は**未払金勘定**（負債）で処理します。未払金が発生した場合は、その未払額を債務の増加として未払金勘定の貸方に記入し、それを支払った場合は、債務の減少として借方に記入

します。手数料 20,000 円を月末に支払うことにした場合には、つぎのように仕訳します。

（支 払 手 数 料）	20,000	（未 払 金）	20,000

　最初に書いたように、その未収あるいは未払いの金額が営業活動によるものかどうかに注意してください。売掛金、買掛金なのか、未収入金、未払金なのかはその取引が営業活動かどうかで決まります。たとえば、事務用品店から事務用の机 60,000 円を購入し、その代金の決済が来月末であるとします。事務用品店では事務用の机は商品なので、それを販売して代金を後払いにしたのならその代金は売掛金になりますが、当店は備品を購入したことになるので代金は未払金になります。

事務用品店	（売 掛 金）	60,000	（売 上）	60,000
当店	（備 品）	60,000	（未 払 金）	60,000

> 商品売買の代金の未収は売掛金、未払いは買掛金、商品以外の備品の売却代金や利息の未収は未収入金、未払いは未払金だよ。ちゃんと区別して覚えてね。

7-3 前払金と前受金

　商品などを注文するときに、商品代金の一部または全部を内金または手付金として支払ったり、受け取ったりすることがあります。このとき発生する債権を**前払金**、債務を**前受金**といいます。
　前払金は、商品を仕入れるときにその代金の一部または全部を内金または手付金としてあらかじめ支払った場合に発生する債権で、その支払額に相当する商品の引渡しを求める権利のことをいいます。このときその債権は、**前払金勘定**（資産）で処理し、内金または手付金をあらかじめ支払ったときは前払金の増加として借方に記入し、注文した商品を受け取ったときは前払金の減少として貸方に記入します。たとえば商品 900,000 円を注文して内金として 90,000 円を現金で支払った場合には、つぎのように仕訳します。

（前 払 金）	90,000	（現 金）	90,000

そして、その後注文した商品が届き、残りの代金を掛けにした場合には、内金として支払った前払金を代金の一部として充当して、つぎのように仕訳します。

| （仕　　　　入） | 900,000 | （前　払　金） | 90,000 |
| | | （買　掛　金） | 810,000 |

　前受金は、商品を販売するときにその代金の一部または全部を内金または手付金としてあらかじめ受け取った場合に発生する債務で、その受取額に相当する商品を引き渡さなければならない義務のことをいいます。この債務は**前受金勘定**（負債）で処理し、内金または手付金を受け取ったときは前受金の増加として貸方に記入し、商品を引き渡したときは前受金の減少として借方に記入します。前払金の例の相手方を例に使って説明しましょう。内金を受け取って注文を受けた時と商品を販売した時の仕訳はつぎのようになります。

注文時	（現　　金）	90,000	（前　受　金）	90,000
販売時	（前　受　金）	90,000	（売　　上）	900,000
	（売　掛　金）	810,000		

前受金は受注した商品を販売したとき、その代金の一部または全部になるよ。
前払金は注文した商品を仕入れたとき、その代金の一部または全部になるよ。

7-4　立替金と預り金

　得意先や従業員に対して、一時的に金銭の立替えをした場合、相手方に金銭を請求することができる権利（債権）を**立替金**といいます。たとえば得意先に対して運送費用を一時的に立替えたり、従業員に給料を前貸したりしたときは、債権の増加として**立替金勘定**（資産）の借方に記入して、返済されたときは減少として貸方に記入します。なお、得意先に対する立替えは立替金勘定で処理し、役員や従業員に対する立替金は、特に**役員立替金勘定**、**従業員立替金勘定**として別に設けることもあります。たとえば、従業員に給料 10,000 円を現金で前貸ししたときには、つぎのように仕訳します。

（立　替　金）	10,000	（現　　　金）	10,000

　従業員に対する立替金であることがわかるように立替金勘定を従業員立替金勘定で仕訳することもあります。この場合の返済の取引はつぎの預り金と合わせて説明します。

　つぎに従業員や役員などから一時的に金銭を預かったときに発生する債務を**預り金**といいます。たとえば給料を支払う際に、従業員から所得税や社会保険料を納付するために預かったり、さらには個人の生命保険料や積立金などを預かることがあります。これらの金銭を預かったときは債務の増加として**預り金勘定**（負債）の貸方に記入し、納付（返済）したときは減少として借方に記入します。なお、預り金の内容を明らかにするために、**所得税預り金勘定、社会保険料預り金勘定、住民税預り金勘定、従業員預り金勘定**などの勘定科目を用いることもあります。たとえば、給料 500,000 円を支払うとき、上の例で立替えた立替金 10,000 円と所得税の源泉徴収分 40,000 円、社会保険料の従業員負担分 30,000 円を控除し、差額を現金で支払うときは、つぎのように仕訳します。

（給　　　料）	500,000	（立　替　金）	10,000
		（所 得 税 預 り 金）	40,000
		（社会保険料預り金）	30,000
		（現　　　金）	420,000

　従業員に前貸しした給料は給料の支払いの時に支払金額から返済を受けます。預かった従業員の所得税と社会保険料も給料から控除して、差額を支払います。所得税預り金勘定と社会保険料預り金勘定はまとめて預り金勘定も使えます。

7-5　仮払金と仮受金

　金銭を支払うときにその支出の正確な金額や該当する科目が分からないような場合、この金額や科目が不確定な支出のことを**仮払金**といい、金銭を受取ったときにその収入の理由が分からないような場合、この不確定な収入のことを**仮受金**といいます。

　従業員が出張する場合に旅費などを概算で支払ったときには、いったん**仮払金勘定**（資産）の借方に記入して、後で精算して金額や勘定科目が確定したときに貸方に記入します。たとえば出張に行く従業員に概算で 80,000 円の旅費交通費を現金で渡したときにはつぎのように仕訳します。

（仮　払　金）	80,000	（現　　　金）	80,000

そして、従業員が出張から戻ってきて、残った 3,400 円の現金を返却した場合にはつぎのように仕訳します。

（旅費交通費）	76,600	（仮払金）	80,000
（現　　　金）	3,400		

　これに対して、金銭を受け取ったにもかかわらず、その理由が分からないため適当な勘定科目で処理できない場合には、一時的に**仮受金勘定**（負債）の貸方に記入して、後でその理由が判明したときに借方へ記入します。たとえば得意先から普通預金口座に 40,000 円が振り込まれたと銀行から連絡があったが、その理由がわからないときにはつぎのように仕訳します。

（普通預金）	40,000	（仮受金）	40,000

　そして後日その理由が商品注文の内金であることが分かったとすると、つぎのように仕訳します。

（仮受金）	40,000	（前受金）	40,000

7-6 受取商品券

　デパートなどの小売業では商品券やギフト券を使って商品を買うことができます。商品をこのような金券を使って販売する場合、商品の売上代金は**受取商品券勘定**（資産）で処理します。商品を販売して商品券を受け取ったときは、債権の増加として受取商品券勘定の借方に記入し、その商品券の発行会社から商品券の代金を受け取ったときは、債権の減少として貸方に記入します。

　たとえば、商品 30,000 円を販売し、代金として商品券を受け取った時の仕訳はつぎのようになります。

（受取商品券）	30,000	（売上）	30,000

そしてその代金を現金で受け取ったときは、つぎのようになります。

（現金）	30,000	（受取商品券）	30,000

商品券は、デパートが発行する全国百貨店共通商品券、クレジットカード会社が発行しているギフトカード、旅行会社等が発行する旅行券、書店で使える図書カード、オンラインショップで使えるデジタルギフトなど、紙媒体、カード媒体、デジタル媒体で発行されるよ。

7-7 差入保証金

　土地や部屋を借りるとき敷金として支払ったり、営業上の契約を締結するために保証金を支払ったりするように、その契約を確実なものにするために債務者（賃借契約のときは賃借人）が債権者（賃借契約のときは賃貸人）に対して支払う金銭のことを**保証金**といい、**差入保証金勘定**（資産）で処理します。保証金は、土地の賃借契約などその契約終了後に、戻ってきます。
　たとえば、営業用の土地を賃借する契約をして敷金として 200,000 円を小切手を振り出して支払った場合は、つぎのように仕訳します。

　（差 入 保 証 金）　　　200,000　　　（当 座 預 金）　　　200,000

練習問題

1　つぎの取引を仕訳しなさい。

① 新宿商店から借りた 100,000 円を利息 1,000 円とともに、小切手を振り出して返済した。
② 大崎商店に 500,000 円を貸付け、利息を差引いた金額を現金で渡した。利率は年 7.3%、貸付期間は 60 日である。
③ 営業用の自動車を 800,000 円で購入し、代金のうち 100,000 円は現金で支払い、残額は月末に支払うことにした。
④ 5,000,000 円の土地を、5,200,000 円で売却し、代金のうち 1,000,000 円は小切手で受け取り、残額は来月初めに受け取ることにした。
⑤ 渋谷商店に商品 500,000 円を注文し、内金として 50,000 円を現金で支払った。
⑥ 品川商店に商品 200,000 円を販売し、あらかじめ受け取っていた内金 50,000 円を差引いた残りの代金は掛とした。
⑦ 大崎商店に商品 400,000 円を掛で販売した。その際相手が負担すべき発送費 10,000 円を現金で支払った。

⑧　本日給料日につき、給料800,000円を支給した。その際従業員に対する前貸し分50,000円、所得税額60,000円と社会保険料40,000円を差し引いて、残額を現金で支払った。

⑨　新宿商店に商品400,000円を発送した。この商品は以前注文を受けたもので、内金40,000円を送金小切手で受け取っている。代金の残額は月末に支払われる予定である。

⑩　田町商店に対して現金600,000円を期間73日、利率年6%（返済時支払い）で貸付けた。

⑪　⑩の返済期日が到来したので、元金と利息が普通預金口座に振り込まれた。

⑫　以前大塚商店に売却した土地代金のうち、100,000円を同店振出しの小切手で受け取った。

⑬　事務用のパソコン300,000円を購入し、代金のうち30,000円は小切手を振出して支払い、残額は来月末に支払うことにした。

⑭　自由が丘商店に注文していた商品500,000円を受取り、代金のうち50,000円は注文時に現金で支払った手付金と相殺し、150,000円は小切手を振出して支払い、残額は月末に支払うことにした。

⑮　商品57,000円を販売し、代金は商品券60,000円を受取り、おつりを現金で支払った。

⑯　商品48,000円を販売し、代金として商品券40,000円を受取り、残りは現金で受け取った。

⑰　⑮と⑯の商品券を精算し、現金を受け取った。

⑱　土地を月100,000円で借りる契約をし、敷金200,000円を現金で支払った。

2　つぎの一連の取引を仕訳しなさい。

①　従業員が出張することになり、旅費等諸費用として300,000円を現金で概算払いした。

②　出張中の従業員から、500,000円が当座預金口座に振込まれたが、その内容は不明である。

③　従業員が出張から帰り、①の概算払いの金額の精算をした。内訳は旅費245,000円、通信費15,000円で、残金は現金で返金された。

④　上記②の振込みは、新宿商店から商品注文の内金として受け取った100,000円と得意先品川商店の売掛金370,000円の回収額と大崎商店（得意先ではない）に立替えた発送費30,000円の回収額であることが判明した。

3　つぎの取引について、両商店の仕訳をしなさい。

①　新宿商店は、大崎商店から500,000円を借り入れ、同店振出の小切手を受け取った。なお、借入期間は91日で、利率は年7.3%で、利息は返済期日に元金とともに支払う約束である。

② 返済期日が来たので、新宿商店は元金と利息を、小切手を振り出して返済した。

4 つぎの取引について仕訳しなさい。

① 商品代金として受け取った商品券を精算し、普通預金口座に代金 80,000 円が振り込まれた。

② 先に受け取った詳細不明の現金 400,000 円は品川商店の売掛金の回収額であることが判明した。

③ 新宿商店から 300,000 円の資金を借入れるため、借用証書を渡したところ、利息 25,000 円を差引いた額の同店振出しの小切手を受け取った。

株式会社会計

8-1 株式会社とは

　株式会社は、その経営の元手となる資金を**株式**という形にして小さく分けて、それを多くの人に買ってもらうことで、資金を集める会社です。株式を買って、株式会社に出資している人を**株主**といいます。小さく分けることで多額の資金を集めやすくします。

　株式会社では、所有と経営が分離しています。つまり、資金を出資することで株式会社の所有者である株主は、株式会社の経営者である取締役に経営を委託して、経営の成果である利益に対する分配金である配当金を受け取ります。取締役は取締役会によって合議で経営を行い、株主に対して株主総会で報告して、経営計画や経営成果の承認を得ます。また、株主総会では経営成果の処分や取締役の任免なども議論します。株主は出資した株式の分だけ、会社に対して責任を負います。これを有限責任といいます。

　株式会社を設立するためには、発起人が定款を作成して、定款で定められた株式会社が発行することができる株式の総数（発行可能株式総数）の４分の１以上の株式を設立時に発行して、資金を調達することが必要です。この資金が**資本金**になります。残りの株式は、会社設立後に取締役会の決議によって発行することができます。

8-2 資本金

　株式会社の資本金は、株主が株式に対して出資することによって調達されます。資本金の金額は原則として、設立のとき、あるいは設立後に追加で発行（増資）したときに株式に対して払い込まれた金額（払込金額）となります。

資本金の金額＝株式１株当たりの発行価格 × 発行株式数

　たとえば、会社の設立のときに株式 1,000 株を１株当たり 5,000 円で発行し、全株の引き受けと当座預金口座への払い込みを受けた場合、つぎのように仕訳します。

① 　（当　座　預　金）　5,000,000　　（資　本　金）　5,000,000
　　　※＠ 5,000 円× 1,000 株＝ 5,000,000 円

会社設立後に増資する場合も同じように仕訳します。1株当たりの発行価格は企業によって変わります。

> memo 会社法の規定では、資本金にする金額は発行価額が原則ですが、発行価額の2分の1までは資本金にしないこともできます。3級では原則の処理が問われるので、原則をしっかり覚えましょう。

〔取引例1〕
①　CS商事㈱は、設立にさいして、株式500株を1株につき3,000円で発行し、全額の引き受け、払い込みを受け、払込金は当座預金とした。
②　CS商事㈱は、新株の発行にあたり、株式300株を1株につき4,000円で発行し、全額の引き受け、払い込みを受け、払込金は当座預金とした。

① （当　座　預　金）	1,500,000	（資　本　金）	1,500,000
② （当　座　預　金）	1,200,000	（資　本　金）	1,200,000

8-3 繰越利益剰余金

　株式会社の純資産には、資本金のほか、剰余金と呼ばれるものがあります。剰余金には資本剰余金と利益剰余金があります。資本剰余金は株式の発行などの資本取引から発生する剰余金で、利益剰余金は商品売買などの損益取引から発生する剰余金です。ここでは利益剰余金のひとつである繰越利益剰余金について考えてみます。

　繰越利益剰余金は株式会社が設けた利益を集計する勘定です。株式会社ではStep 12（145～146ページ）で説明するように、決算のときに1会計期間の収益と費用を損益勘定に集計して当期純利益を計算します。その当期純利益は損益勘定からこの**繰越利益剰余金勘定**（純資産）に振り替えられ、次期に繰り越されます。この繰り越された剰余金は、決算日から3か月以内に開催することが会社法で決められている株主総会で、配当金の支払い、利益準備金の積立てといった形で処分されます。

　繰越利益剰余金は、当期純利益が振り替えられたときに増加します。たとえば、決算で当期純利益300,000円が計上されたときは、つぎのように仕訳します。

（損　　　　益）	300,000	（繰越利益剰余金）	300,000

逆に、当期純損失 100,000 円が計上されたときは、つぎのように仕訳します。

| （繰越利益剰余金） | 100,000 | （損　　益） | 100,000 |

つぎに、株主総会で繰越利益剰余金を処分するときの処理を考えてみましょう。たとえば、繰越利益剰余金 500,000 円（貸方残高）を、配当金として 300,000 円、利益準備金の積立てとして 30,000 円、処分することが株主総会で決議されたときは、つぎのように仕訳します。

| （繰越利益剰余金） | 330,000 | （未払配当金） | 300,000 |
| | | （利益準備金） | 30,000 |

配当金はまだ支払っていませんが、株主総会で支払うことを決めたので、このときに債務が確定するので、**未払配当金**という負債の勘定で仕訳します。**利益準備金**は原則として配当金の 10 分の 1 を積み立てることが会社法で決められている法定準備金といわれる純資産の勘定です。

> 利益準備金は株主配当をしたときに積み立てることが会社法で決まっているよ。金額の計算方法も決まっているけど、3 級では覚えなくても大丈夫だよ。

〔取引例 2〕
① 決算にあたり、当期純利益 500,000 円を計上した。
② 株主総会において、つぎのように配当、処分することを決議した。
　　配当金　　450,000 円　　　　　利益準備金　　45,000 円
③ 配当金 450,000 円の支払いを銀行に委託し、小切手を振り出して支払った。

①	（損　　益）	500,000	（繰越利益剰余金）	500,000
②	（繰越利益剰余金）	495,000	（未払配当金）	450,000
			（利益準備金）	45,000
③	（未払配当金）	450,000	（当座預金）	450,000

税金には、法人税・所得税・印紙税・消費税などの国に納める国税と、都道府県民税・市町村民税・事業税・固定資産税などの地方自治体に納める地方税があります。簿記ではこれを、費用として計上できない法人税・都道府県民税・市町村民税・所得税・事業税（法人）と、費用として計上できる印紙税・事業税（個人）・固定資産税に区分できます。

　法人税は、株式会社が1年間の課税所得に対して支払う税金です。法人税の納付は、決算日に確定した利益から課税所得を計算し、この課税所得から法人税額を計算します。1年決算の会社では前年度の法人税額の半額を中間申告することで半期分の税金を納めます。決算で税額が確定したときに中間納付額の差し引いた金額が残りの支払額として確定します。納付は決算日から2か月以内に行います。

　法人税の取引例を示すと、つぎのようになります。

〔取引例3〕
① 法人税の中間申告を行い、前年度の法人税額の半額の100,000円を現金で納付した。
② 決算にあたり、法人税額250,000円を計上した。
③ 法人税の確定申告を行い、中間納税額100,000円を差し引き、150,000円を現金で納付した。

①	（仮 払 法 人 税 等）	100,000	（現　　　　金）	100,000	
②	（法 人 税 等）	250,000	（仮 払 法 人 税 等）	100,000	
			（未 払 法 人 税 等）	150,000	
③	（未 払 法 人 税 等）	150,000	（現　　　　金）	150,000	

　①は中間申告の仕訳です。今年度の法人税の金額が確定しておらず、前年度の半額を仮払いしたので、**仮払法人税等**という資産の勘定で処理します。
　②は決算で税額が確定したときの仕訳です。中間申告の金額を控除した金額が確定申告で納税する金額ですが、金額が確定して納付する義務が発生しましたが、まだ支払っていないので、**未払法人税等**という負債の勘定で処理します。
　③は今年度の法人税の確定申告を行い、残りの金額を支払ったときの仕訳です。

　都道府県民税と**市町村民税**はまとめて**住民税**といわれますが、都道府県・市町村に住所を持つ個人などに課せられる税金で、法人税と同様の処理をします。勘定科目も、法人税等、仮払法人税等、未払法人税等を使います。
　事業税は、店舗または事業所を設けて経営活動を行なっていることに対して納める税金で

す。これも法人税と住民税と同様の処理をします。勘定科目も同じです。個人企業では、固定資産税・印紙税と同様の処理をします。

　所得税は、従業員などの個人、そして個人会社の場合は事業主が1月1日から12月31日までの1年間の所得に対して支払う税金です。従業員の場合は、給料から控除して会社が一時預かっておいて、納付します。これは Step 07（94～95ページ）で説明しました。個人会社の場合は会社の所得に対して事業主が納付します。所得税は所得の中から納付するものなので費用として計上ないので、事業主が会社の現金を使って納付したときは資本金の引出しになります。これは、つぎの 8-5 で説明します。

　固定資産税は、所有している固定資産に対して納める税金で、4期に分けて納付します。費用として計上できる税金で、**租税公課勘定**（費用）または**固定資産税勘定**（費用）で処理します。

　印紙税は、領収証の作成、小切手、手形の振出などのときにこれらの文書に対して課税される税金で、収入印紙を購入したときに租税公課勘定または**印紙税勘定**（費用）で処理します。

〔取引例 4〕
①　固定資産税 40,000 円の納税通知書を受取った。
②　固定資産税の第 1 期分として 10,000 円を現金で納付した。
③　収入印紙 6,000 円を現金で購入した。

①	（租　税　公　課）	40,000	（未　払　金）	40,000	
②	（未　払　金）	10,000	（現　金）	10,000	
③	（租　税　公　課）	6,000	（現　金）	6,000	

　①は、固定資産税の納税通知書を受け取ったときの仕訳です。このとき支払義務が発生しますので、税額を未払金勘定（負債）に計上します。未払金勘定に計上しない方法もありますが、その場合は仕訳をしません。租税公課勘定の代わりに固定資産税勘定で仕訳することもあります。

　②は、固定資産税を支払ったときの仕訳です。①で未払金勘定を使って仕訳した場合は未払金勘定を支払った仕訳をします。①で未払金勘定を使わなかった場合は、借方の勘定が租税公課勘定になります。

　③は、印紙税の仕訳です。厳密には収入印紙を領収証や小切手などに貼付して割り印をしたときが印紙税を支払ったときとなりますが、通常は収入印紙を購入したときに印紙税を支払ったとして処理します。租税公課勘定の代わりに印紙税勘定を使うこともあります。

8-5 個人会社の資本金

　3級では個人会社の場合も扱うので、個人会社の資本金についても簡単に説明しておきましょう。個人会社では、純資産の増減に関する取引は**資本金勘定**（純資産）だけで処理します。資本金勘定は、元入れや純利益などによって増加し、引出しや純損失によって減少します。資本金の増加は資本金勘定の貸方に記入し、減少は借方に記入します。

```
                    資  本  金
┌─────────────────┬─────────────────┐
│   引   出   し   │  原 始 元 入 れ  │
├─────────────────┼─────────────────┤
│  （当 期 純 損 失） │  追 加 元 入 れ  │
│                 ├─────────────────┤
│          残高 ┤  戻   入   れ    │
│                 ├─────────────────┤
│                 │  当 期 純 利 益  │
└─────────────────┴─────────────────┘
```

　事業主（店主）が会社へ資金を出資することを**元入れ**といいます。元入れには、事業を開始するときに行う最初の出資（原始元入れ）と、開業後資金繰りの都合や事業の拡張などのため、必要に応じて行う追加出資（追加元入れ）があります。どちらの場合も、資本が増加することになるので、資本金勘定の貸方に記入します。

　事業主（店主）が、会社の現金や商品などを私的に消費することを**引出し**といいます。引出しは、企業の資本を減少させるので、資本金勘定の借方に記入します。引出した現金などを戻入れた場合は、資本金勘定の貸方に記入します。

　個人会社では、決算のときに損益勘定で収益と費用の差額として当期純損益を計算して、資本金勘定へ振替えます。これは株式会社と同じですが、個人会社の場合は純資産の勘定が資本金だけなのでこのようになります。当期純利益が計上されたときは純資産の増加なので、資本金勘定の貸方に記入し、反対に当期純損失のときには純資産の減少なので資本金勘定の借方に記入します。

〔取引例5〕
① 現金 400,000 円、備品 150,000 円および借入金 250,000 円で、営業を開始した。
② 店主が私用のため、店の現金 15,000 円を持ち出した。
③ 事業拡張のため、現金 100,000 円と土地 200,000 円を追加元入れした。
④ 第1期の所得税の予定納税額 15,000 円を現金で予定納付した。
⑤ 私用にあてた現金のうち、5,000 円を戻し入れた。
⑥ 店主が店の商品（原価 1,500 円、売価 2,000 円）を家庭用に消費した。
⑦ 電話代 4,300 円を当座預金口座から支払った。なお、このうち 800 円分は家計に対する

ものである。

⑧ 確定申告を行い、所得税額が 50,000 円と確定した。予定納税額 30,000 円を差引き、20,000 円を現金で納付した。

上記の取引例を仕訳すると、つぎのようになります。

①	（現　　　金）	400,000	（借　入　金）	250,000
	（備　　　品）	150,000	（資　本　金）	300,000
②	（資　本　金）	15,000	（現　　　金）	15,000
③	（現　　　金）	100,000	（資　本　金）	300,000
	（土　　　地）	200,000		
④	（資　本　金）	15,000	（現　　　金）	15,000
⑤	（現　　　金）	5,000	（資　本　金）	5,000
⑥	（資　本　金）	1,500	（仕　　　入）	1,500
⑦	（通　信　費）	3,500	（当　座　預　金）	4,300
	（資　本　金）	800		
⑧	（資　本　金）	20,000	（現　　　金）	20,000

練習問題

1 つぎの取引を仕訳しなさい。

① CS 商事㈱は会社設立にさいして、株式 4,000 株を 1 株につき 500 円で発行し、全額の引き受け、払い込みを受け、払込金を当座預金に預け入れた。

② CS 商事㈱は、新株の発行にあたり、株式 6,000 株を 1 株につき 600 円で発行し、全額の引き受け、払い込みを受け、払込金を当座預金に預け入れた。

③ 決算にあたり、当期純利益 600,000 円（税引後）を計上した。なお、法人税額は 400,000 円で、180,000 円は中間納付済みである。

④ 法人税の確定申告を行い、220,000 円を普通預金から支払った。

⑤ 株主総会で繰越利益剰余金 800,000 円（貸方残高）を以下のように配当、処分することを決議した。

配当金　　　　500,000 円　　　　利益準備金積立て　　　50,000 円

⑥ 決算にあたり、当期純損失 200,000 円を計上した。

2 つぎの取引を仕訳しなさい。

① 収入印紙 15,000 円を現金で購入した。

② 固定資産税 400,000 円の納税通知書を受取り、第 1 期分 100,000 円を現金で納付した。

③ 固定資産税の第 2 期分として 100,000 円を現金で納付した。

④ 法人税の中間申告を行い、150,000 円を普通預金から振り込んで支払った。

⑤ 決算にあたり法人税 400,000 円を計上した。

⑥ 法人税の確定申告を行い、中間納税額 150,000 円を差し引き、250,000 円を普通預金から納付した。

3 個人会社のつぎの取引を仕訳しなさい。

① 現金 2,400,000 円、備品 400,000 円および借入金 800,000 円で、営業を開始した。

② 現金 200,000 円を追加元入れした。

③ 第 1 期の所得税の予定納税額 200,000 円を現金で予定納付した。

④ 商品（原価 20,000 円、売価 30,000 円）を、店主の私用のため消費した。

⑤ 火災保険料 80,000 円を現金で支払ったが、うち 10,000 円分は店主の自宅用である。

⑥ 決算において、当期純利益 150,000 円を資本金勘定へ振替えた。

⑦ 確定申告を行い、所得税額が 700,000 円と確定した。予定納税額 400,000 円を差引き、300,000 円を現金で納付した。

試算表の作成

9-1 決算と決算手続

　簿記では、企業の経営成績および財政状態を報告するため、企業の経済活動を記録し、集計して、損益計算書と貸借対照表を作成します。日常的には期中取引を仕訳帳に仕訳し、総勘定元帳に転記し、記録します。これは日常的な記帳手続で、これまで学習したものです。期中取引で作成した総勘定元帳の記録をもとにして、損益計算書と貸借対照表を作成する手続きが**決算**です。

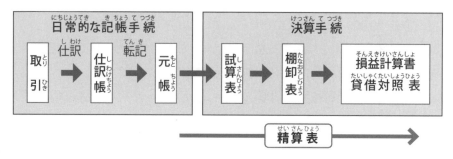

　決算は会計期間末の一定の日（これを**決算日**といいます）に、その期間の経営成績と決算日の時点の財政状態を報告するために、損益計算書や貸借対照表などの財務諸表を作成するための手続きであり、通常、3つのステップで行われます。まず、最初は①決算予備手続、つぎに②決算本手続、最後に③財務諸表の作成というステップです。

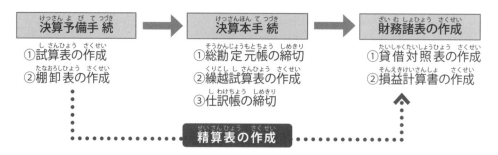

　決算予備手続とは、つぎの本手続を行うための重要な準備段階で、総勘定元帳の記録が正確であるか否かを確認するための手続きで、つぎのような作業が行われます。

① 試算表の作成……　仕訳帳から総勘定元帳への転記が正しく行われているかを確認する
　　　　　　　　　　　ために、試算表を作成します。
② 棚卸表の作成……　決算整理事項を一覧表（これを棚卸表という）にまとめ、決算整理
　　　　　　　　　　　仕訳をして、決算整理をします。

　　決算予備手続が終了すると、引き続き**決算本手続**が行われます。これは、決算整理を行った
後、総勘定元帳や仕訳帳などの会計帳簿を締切る手続きです。

① 総勘定元帳の締切……　収益・費用の各勘定残高を損益勘定に振替えて締切り、損益勘
　　　　　　　　　　　　　定残高（当期純利益）を繰越利益剰余金勘定に振替え、資産・
　　　　　　　　　　　　　負債・純資産の各勘定残高を次期に繰越して締切ります。
② 繰越試算表の作成……　総勘定元帳の資産・負債・純資産の各勘定残高から繰越試算表を
　　　　　　　　　　　　　作成して、総勘定元帳の締切が正しく行われたかを確認します。
③ 仕訳帳の締切…………　仕訳帳を締切ります。

　　決算手続の最終段階は、財務諸表、すなわち**貸借対照表と損益計算書の作成**です。貸借対
照表は、総勘定元帳の資産、負債、純資産の勘定の残高、または繰越試算表を基礎に作成し
ます。損益計算書は、総勘定元帳の収益と費用の勘定の残高、または損益勘定を基礎に作成し
ます。
　　これらと同時並行して、決算手続を概観するために、残高試算表を基礎に**精算表**を作成する
ことがあります。なお、精算表の作成過程を、決算予備手続に含めることもあります。
　　ここからは、決算予備手続から決算本手続、損益計算書と貸借対照表を作成する手続き、そ
して精算表の作成を説明します。まずは試算表の作成、つぎに Step 10 と 11 で決算整理仕訳、
決算本手続（帳簿の締切）については Step 12 で詳しく説明します。そして、Step 13 で精算
表、Step 14 で貸借対照表と損益計算書の作成について説明します。

9-2　試算表の作成方法

　　決算手続の最初のステップは決算予備手続で、まず試算表を作成します。
　　試算表は、取引を仕訳帳に仕訳し、総勘定元帳に転記する日常的な記帳手続が正しく行わ
れているかどうか確認する計算表です。この表の貸借合計が一致し、正しく作成できれば、仕
訳帳から総勘定元帳への転記が適正に行われたと推定できます。そして、合計試算表の貸借の
合計額は、仕訳帳の期中取引の合計額と一致します。しかし合計が一致しても、転記するとき
に勘定科目を間違えるとか、貸借同じように数字を間違えて転記するとか、発見できない間違
いがあるため、適正であることを完全に保証するものではありません。でも少なくとも試算表

がちゃんと作成できなければ、転記が正しく行われていないことが分かります。

　試算表には合計試算表、残高試算表、合計残高試算表があります。**合計試算表**は総勘定元帳の各勘定の借方と貸方それぞれの合計、**残高試算表**は各勘定の残高を集計します。**合計残高試算表**はこの2つの試算表を合わせた試算表です。

合計試算表

借方	科目	貸方
○○○	資　　産	○○
○○	負　　債	○○○
○○	純　資　産	○○
○○	収　　益	○○
○○○	費　　用	○○
○○○	合　計	○○○

合計試算表は各勘定の貸借それぞれの合計金額を記入するよ。合計がないときは、空欄にしておくよ。

残高試算表

借方	科目	貸方
○○○	資　　産	
	負　　債	○○○
	純　資　産	○○○
	収　　益	○○○
○○○	費　　用	
○○○	合　計	○○○

残高試算表は各勘定の残高を記入するよ。資産と費用は借方、負債と純資産と収益は貸方に記入されるよ。

合計残高試算表

借方		科目	貸方	
残高	合計		合計	残高
○○○	○○○	資　　産	○○	
	○○	負　　債	○○○	○○○
	○○	純　資　産	○○○	○○○
	○○	収　　益	○○○	○○○
○○		費　　用	○○	
○○○	○○○	合　計	○○○	○○○

合計残高試算表は、合計試算表と残高試算表を組み合わせたハイブリッドタイプだよ。

試算表の作成の方法を、合計残高試算表を例にして説明します。

① 総勘定元帳の各勘定の借方の合計と貸方の合計を求めて、合計残高試算表の該当する勘定科目の合計欄に借方と貸方それぞれの欄に記入します。

② すべての勘定科目について①の作業を行い、最後に借方と貸方それぞれの合計を求めます。合計が一致しなければ、やり直します。

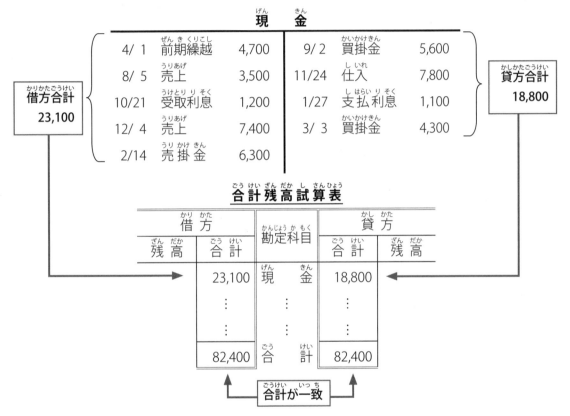

③ 各勘定の残高を求めるために、それぞれの勘定科目の借方合計と貸方合計の差額を求めて、その金額を合計金額の多い側の残高欄に記入します。

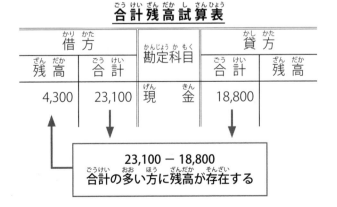

④ すべての勘定科目について③の作業を行って、最後に借方と貸方のそれぞれの合計を求めます。一致しなければ、やり直します。

合計残高試算表

借方		勘定科目	貸方	
残高	合計		合計	残高
4,300	23,100	現　　金	18,800	
○○○	○○○	資 産 勘 定	○○	
	○○	負 債 勘 定	○○○	○○○
	○○	資 本 勘 定	○○○	○○○
	○○	収 益 勘 定	○○○	○○○
○○○	○○○	費 用 勘 定	○○	
10,270	82,400	合　　　　計	82,400	10,270

↑ 合計が一致 ↑

つぎの総勘定元帳の各勘定の記入から、合計試算表、残高試算表および合計残高試算表を作成してみましょう。

現　金

4/1	資本金	100,000	10/21	買掛金	120,000
5/11	借入金	80,000	1/10	給料	70,000
12/15	売掛金	180,000	2/23	仕入	100,000
3/23	売上	150,000			

買　掛　金

8/5	仕入	10,000	7/29	仕入	200,000
10/21	現金	120,000			

仕　入

7/29	買掛金	200,000	8/5	買掛金	10,000
2/23	現金	100,000			

給　料

1/10	現金	70,000		

売　掛　金

8/3	売上	250,000	12/15	現金	180,000
			3/25	売上	20,000

備　品

4/1	資本金	50,000		

借　入　金

			5/11	現金	80,000

資　本　金

			4/1	現金	150,000

売　上

3/25	売掛金	20,000	8/3	売掛金	250,000
			3/23	現金	150,000

合計試算表

令和○年 3 月 31 日

借方	勘定科目	貸方
	現　　金	
	売　掛　金	
	備　　品	
	買　掛　金	
	借　入　金	
	資　本　金	
	売　　上	
	仕　　入	
	給　　料	
	合　計	

残高試算表

令和○年 3 月 31 日

借方	勘定科目	貸方
	現　　金	
	売　掛　金	
	備　　品	
	買　掛　金	
	借　入　金	
	資　本　金	
	売　　上	
	仕　　入	
	給　　料	
	合　計	

合計残高試算表

令和○年 3 月 31 日

借方		勘定科目	貸方	
残高	合計		合計	残高
		現　　金		
		売　掛　金		
		備　　品		
		買　掛　金		
		借　入　金		
		資　本　金		
		売　　上		
		仕　　入		
		給　　料		
		合　計		

　合計試算表を作成するためには、各勘定の借方合計額を借方欄に、貸方合計額を貸方欄に記入します。勘定に記入がなく、合計額がない場合は、試算表は空欄にします。そしてすべての記入が終わったら、貸借それぞれの総合計を計算します。借方と貸方の総合計が一致したら、

完成です。総合計が一致しない場合は、どこかに間違いがあるので、もう一度集計をやり直してみてください。それでも一致しないときは、勘定記入に間違いがありますので、日付順に仕訳帳と総勘定元帳を確認してください。仕訳帳の元丁欄、総勘定元帳の仕丁欄はそれぞれの帳簿の記帳してあるページ数が記入されていますから、利用しましょう。

　残高試算表を作成するためには、それぞれの勘定の残高を計算します。残高は借方合計と貸方合計の差額として計算し、合計額の多い側に残高があることになるので、試算表の同じ側の金額欄に記入します。合計試算表と同様に、総合計を計算し、借方と貸方で総合計が一致したら、完成です。一致しない場合はもう一度やり直してください。

　合計残高試算表を作成するためには、まず合計試算表に当たる部分を作成して、その後に、残高試算表に当たる部分を作成します。

　試算表の科目は、上から資産、負債、純資産、収益、費用の順番に並べるのが一般的です。

合計試算表
令和〇年 3 月 31 日

借　方	勘定科目	貸　方
510,000	現　　　金	290,000
250,000	売　掛　金	200,000
50,000	備　　　品	
130,000	買　掛　金	200,000
	借　入　金	80,000
	資　本　金	150,000
20,000	売　　　上	400,000
300,000	仕　　　入	10,000
70,000	給　　　料	
1,330,000	合　　　計	1,330,000

残高試算表
令和〇年 3 月 31 日

借　方	勘定科目	貸　方
220,000	現　　　金	
50,000	売　掛　金	
50,000	備　　　品	
	買　掛　金	70,000
	借　入　金	80,000
	資　本　金	150,000
	売　　　上	380,000
290,000	仕　　　入	
70,000	給　　　料	
680,000	合　　　計	680,000

合計残高試算表

令和○年3月31日

借方		勘定科目	貸方	
残高	合計		合計	残高
220,000	510,000	現　　　金	290,000	
50,000	250,000	売　掛　金	200,000	
50,000	50,000	備　　　品		
	130,000	買　掛　金	200,000	70,000
		借　入　金	80,000	80,000
		資　本　金	150,000	150,000
	20,000	売　　　上	400,000	380,000
290,000	300,000	仕　　　入	10,000	
70,000	70,000	給　　　料		
680,000	1,330,000	合　計	1,330,000	680,000

練習問題

1 つぎの各勘定の貸借合計額から、令和○年3月31日の残高試算表を作成しなさい。

〔資料〕

現　　　　金	借方合計	350,000 円	貸方合計	237,000 円
売　　掛　　金	借方合計	564,000 円	貸方合計	350,000 円
繰　越　商　品	借方合計	150,000 円		
備　　　　品	借方合計	300,000 円		
買　　掛　　金	借方合計	317,000 円	貸方合計	420,000 円
借　　入　　金	借方合計	100,000 円	貸方合計	200,000 円
減価償却累計額			貸方合計	108,000 円
資　　本　　金			貸方合計	300,000 円
繰越利益剰余金			貸方合計	45,000 円
売　　　　上	借方合計	120,000 円	貸方合計	940,000 円
仕　　　　入	借方合計	669,000 円	貸方合計	90,000 円
給　　　　料	借方合計	120,000 円		

残高試算表

令和〇年 3 月 31 日

借 方	勘 定 科 目	貸 方

2 つぎの令和〇年 2 月 28 日の各勘定の貸借合計と 3 月の取引から、令和〇年 3 月 31 日の合計試算表を作成しなさい。

〔令和〇年 2 月 28 日の各勘定の貸借合計額〕

現　　　　　金	借方合計	996,000 円	貸方合計	774,000 円
売　　掛　　金	借方合計	721,000 円	貸方合計	582,000 円
繰　越　商　品	借方合計	172,000 円		
土　　　　　地	借方合計	250,000 円		
買　　掛　　金	借方合計	598,000 円	貸方合計	763,000 円
資　　本　　金			貸方合計	400,000 円
繰越利益剰余金			貸方合計	60,000 円
売　　　　　上	借方合計	94,000 円	貸方合計	961,000 円
仕　　　　　入	借方合計	669,000 円	貸方合計	72,000 円
給　　　　　料	借方合計	112,000 円		

〔令和〇年 3 月の取引〕

①現金取引

売掛金回収	82,000 円	現金売上	25,000 円		
買掛金支払	73,000 円	現金仕入	12,000 円	給料支払	9,000 円

②売上取引

現 金 売 上	25,000 円	掛 売 上	74,000 円	掛売上戻り	8,000 円

③仕入取引

現 金 仕 入	12,000 円	掛 仕 入	67,000 円	掛仕入戻し	6,000 円

合 計 試 算 表
令和〇年 3 月 31 日

借 方	勘 定 科 目	貸 方

3 つぎの取引を仕訳し、総勘定元帳に転記し、合計残高試算表を作成しなさい。

〔前期繰越高〕

現　金	240,000 円		当座預金	330,000 円
売掛金	310,000 円		繰越商品	170,000 円
備品	400,000 円		買掛金	370,000 円
借入金	50,000 円		減価償却累計額	160,000 円
資本金	各自推算		繰越利益剰余金	70,000 円

〔取引〕

4/ 1　商品 300,000 円を掛で販売した。

4/ 9　現金 450,000 円を借入れた。

5/11　商品 400,000 円を仕入れ、引取費用 20,000 円と代金 80,000 円は現金で支払い、残額は掛とした。

6/21　現金 300,000 円を当座預金に預入れた。

7/29　借入金 100,000 円を利息 1,000 円とともに、現金で返済した。

8/ 3　商品 450,000 円を販売し、代金のうち 50,000 円は相手振出の小切手で受取り、残額は掛とした。

8/ 5　8/3 に販売した商品のうち 50,000 円が、品違いのため返品された。

10/17　事務用の机といすを購入し、代金 80,000 円は小切手を振出して支払った。

12/18　商品 300,000 円を掛で仕入れた。その際引取費用 10,000 円を現金で支払った。

12/23　12/18 に仕入れた商品に汚損があったので、10,000 円を返品した。

1/ 9　商品 500,000 円を掛で販売した。

2/ 3　売掛金代金 900,000 円が、当座預金口座に振込まれた。

2/23　買掛金代金 400,000 円を、小切手を振出して支払った。

3/23　給料 200,000 円を当座預金から支払った。

合計残高試算表

令和〇年3月31日

借方		勘定科目	貸方	
残高	合計		合計	残高
		現　　　　　金		
		当　座　預　金		
		売　　掛　　金		
		繰　越　商　品		
		備　　　　　品		
		買　　掛　　金		
		借　　入　　金		
		減価償却累計額		
		資　　本　　金		
		繰越利益剰余金		
		売　　　　　上		
		仕　　　　　入		
		給　　　　　料		
		支　払　利　息		
		合　　　　　計		

決算整理（1）

10-1　棚卸表

　決算手続の概略および決算予備手続の試算表の作成については、Step 09 で説明しました。ここではそのつぎのステップの棚卸表の作成、決算整理について説明します。

　試算表によって適正に転記されたと確認できた総勘定元帳の各勘定残高は、貸借対照表と損益計算書を作成するための資料としては、必ずしも適正な金額ではない可能性があります。たとえば勘定に記入された金額が必ずしも当期のものではなかったり、記入されていないのに当期の金額であったりするからです。

　そのような勘定については、正しい金額になるように修正する必要があります。この修正手続のことを**決算整理**といって、決算整理を必要とする事項を**決算整理事項**といいます。そのための仕訳を決算整理仕訳あるいは決算修正仕訳といいます。

　決算整理事項の主な内容を挙げると、つぎのとおりです。

①　現金過不足の整理
②　当座借越の振替
③　貸倒れの見積もり
④　固定資産の減価償却
⑤　売上原価の計算
⑥　貯蔵品の棚卸し
⑦　収益・費用の前受け・前払いと未収・未払い

　このような決算整理事項について一覧表にまとめたものが、**棚卸表**です。棚卸表の例を示せば、つぎのとおりです。

棚 卸 表

令和〇年 3 月 31 日

勘定科目	摘要		内訳	金額
繰越商品	A 商品	50 個　@ 2,000 円	100,000	
	B 商品	40 個　@ 3,000 円	120,000	220,000
売掛金	期末帳簿残高		250,000	
	貸倒引当金　3%設定		7,500	242,500
現金過不足	現金不足額			2,000
備品	備品一式　取得原価		500,000	
	減価償却累計額　180,000 円			
	当期減価償却額　90,000 円		270,000	230,000

以下、2 回にわたって決算整理事項を説明していきます。

10-2 現金過不足の整理

　現金については、Step 02 で説明したように会計係が仕訳帳に仕訳し、総勘定元帳に転記することによって現金勘定に記入し記録すると同時に、現金出納係が現金出納帳を作成します。こうすることによって現金収支の明細と現金手許在高を知ることができ、現金を管理することができます。現金は代金の支払いや受取りのために重要な勘定科目であり、うまく管理しないと企業が倒産することもあります。そのために現金を定期的に棚卸して、実際在高を把握します。このとき実際在高と帳簿在高が一致しないことがあります。原因が分かればすぐに処理しますが、分からないときは原因が判明するまで一時的に**現金過不足勘定**で処理し、原因を調査します。

　現金過不足勘定は過渡的に設けられた勘定（仮勘定）なので、原因が判明した場合には、現金過不足勘定からその原因の勘定科目にその金額を振替えます。でも決算日になってもその原因が判明しない場合は、決算整理事項として、超過額は雑益勘定（収益）あるいは雑収入勘定（収益）へ、不足額は雑損勘定（費用）あるいは雑損失勘定（費用）へ振替えます。

　たとえば決算日に現金過不足勘定に 1,500 円（借方残高）があるが、不一致の原因が不明であるとします。現金過不足の借方残高は現金の実際在高のほうが帳簿在高より少ないということなので、現金の不足を表しています。決算日になっても原因がわからないので、雑損（費用）にします。決算整理仕訳はつぎのようになります。

（雑　　　　損）	1,500	（現 金 過 不 足）	1,500

　逆に、現金過不足勘定に 2,000 円（貸方残高）の場合は、現金の実際在高のほうが帳簿在高より多いということなので、現金の超過を表しています。そこで、雑益（収益）にします。決算整理仕訳はつぎのようになります。

（現 金 過 不 足）	2,000	（雑　　　　益）	2,000

　決算手続中に現金過不足の原因の一部が判明した場合は、原因が判明した分についてはその処理を行い、原因がわからない残額は雑損または雑益として処理します。たとえば、現金過不足が貸方残高 8,000 円であったとき、通信費の支払額 2,400 円と利息の受取額 3,500 円の記入漏れが判明したが、残りの原因はわからないならば、つぎのように処理されます。

（現 金 過 不 足）	8,000	（受 取 利 息）	3,500
（通　信　費）	2,400	（雑　　　　益）	6,900

　現金過不足の貸方残高なので、現金の超過です。利息の受け取りは受取利息の未記帳で、現金超過の原因ですが、通信費の支払い未記帳は不足の原因です。この不足分だけ原因不明の超過が多くなることになります。

10-3　当座借越の振替

　当座預金は Step 02 で説明したように、小切手を使うことによって引き出しをすることができる預金ですが、引き出しは預金残高の金額の範囲内で可能です。残高を超えると不渡りといって引き出しができなくなります。不渡りをだすと信用をなくして、以後の取引ができなくなってしまいます。でも当座借越契約を結ぶと、決められた金額までは当座預金の残高がなくなっても引き出しができるようになります。この残高を超えて引き出された金額は銀行から当座借越契約によって自動的に借り入れた金額となります。期中にこのような借越がある場合は当座預金勘定の貸方残高として記帳しますが、決算のときに貸方残高である場合には、**当座借越勘定**（負債）か、**借入金勘定**（負債）にその金額を当座預金勘定から振り替えます。貸借対照表に表示するときには、借入金勘定を使って負債として表示します。ただし、翌期首にはまた当座預金勘定に戻す処理をします。

　たとえば、期末に当座預金勘定に 40,000 円の貸方残高がある場合にはつぎのような仕訳をします。これの仕訳を**振替仕訳**といいます。

(当 座 預 金)	40,000		(借 入 金)	40,000	

そして、翌期の期首にはつぎのような仕訳をします。

(借 入 金)	40,000		(当 座 預 金)	40,000	

　この仕訳を**再振替仕訳**といいます。当座借越（当座預金の貸方残高）は、負債として次期に繰り越しますが、次期にはまた当座預金（資産）に戻して、取引を記帳します。当座借越は、当座預金に入金されれば自動的に返済したことになるからです。

10-4 貸倒れの見積もり

　売上債権が回収不能になった場合の貸倒れの処理については、Step 04 で説明しました。決算のとき、期末に残っている受取手形と売掛金に対して次期以降に貸倒れになることがかなりの確率で予想でき、その金額を合理的に見積もることができる場合には、その貸倒見積額を**貸倒引当金繰入勘定**（費用）によって当期の費用として処理することができます。これは、貸倒れが実際には次期以降に発生したとしても、その原因が当期に手形や掛けで商品を販売したことにあるからです。でも、この貸倒見積額は実際に貸倒れになったわけではないので、受取手形や売掛金の金額を直接減少させることはできません。そこで**貸倒引当金勘定**（資産の評価勘定）を使って、貸倒れの危険性があることを示して、受取手形や売掛金が貸倒引当金分価値が低くなる可能性を表します。ですから、貸借対照表に表示するときは、受取手形と売掛金の金額から貸倒引当金を控除するかたちで表示します。試算表や精算表を作成するときは、多くの場合負債の中に表示します。

　貸倒引当金の設定の方法はいくつかありますが、3 級では差額補充法を覚えましょう。差額補充法は、期末に設定すべき貸倒引当金の金額から貸倒引当金勘定の決算整理前残高を差し引いた差額を、貸倒引当金繰入の金額として計上する方法です。

　たとえば、売掛金の残高が 400,000 円。貸倒引当金の残高が 4,000 円として、売掛金残高の 3%の貸倒引当金を設定するとした場合、つぎのようになります。

　　貸倒引当金設定額：　　　　400,000 円× 3% = 12,000 円
　　差額補充法による設定額：　12,000 円− 4,000 円＝ 8,000 円

(貸 倒 引 当 金 繰 入)	8,000		(貸 倒 引 当 金)	8,000	

　この決算整理仕訳をすることにより、貸倒引当金繰入として費用が 8,000 円計上され、貸倒

引当金は 12,000 円（＝ 4,000 円＋ 8,000 円）が売掛金から間接的に控除されることになります。売掛金の期末残高は 400,000 円ではなく、貸倒引当金分の価値が低くなる可能性があるので、388,000 円と表示することになります。

　貸倒引当金を設定しているとき、受取手形や売掛金が貸倒れになったとき、その受取手形と売掛金が前期以前に発生したもので、貸倒引当金の設定の対象になったものであれば、貸倒損失ではなく、貸倒引当金と相殺します。それはあらかじめ貸倒れを見積もった金額が実際に貸倒れになったということで、前期にすでに費用処理が終わっているからです。

　つまり、貸倒引当金残高が 10,000 円ある場合、前期から繰越された売掛金 4,000 円が貸倒れになったなら、貸倒引当金を売掛金と相殺して、つぎのような仕訳をします。

　　（貸 倒 引 当 金）　　　4,000　　（売　　　掛　　　金）　　　4,000

　でも、貸倒引当金残高が 6,000 円で貸倒れになった売掛金がそれより多い 10,000 円である場合には、前期に見積もった以上に貸倒れになったということで、貸倒引当金の残高がある分は相殺しますが、超えた分は当期の費用として貸倒損失とします。

　　（貸 倒 引 当 金）　　　6,000　　（売　　　掛　　　金）　　10,000
　　（貸 倒 損 失）　　　　4,000

10-5　固定資産の減価償却

　Step 06 で説明したように土地を除く有形固定資産は、それを使用することや時が経過することによって、その価値が減少します。この価値の減少を決算整理事項として、当期の費用として**減価償却費勘定**（費用）に計上し、その減少額を**減価償却累計額勘定**（資産の評価勘定）として、その有形固定資産から差し引きます。この手続きが**減価償却**です。

　減価償却費の計算は**定額法**で、記帳は間接法で行います。たとえば、取得原価 500,000 円の建物を耐用年数 20 年、残存価額ゼロで減価償却すると、つぎのようになります。

減価償却費　500,000 円÷ 20 年＝ 25,000 円

　　（減 価 償 却 費）　　　25,000　　（建物減価償却累計額）　　　25,000

この建物を決算日の 3 か月前に取得して使用を始めたとすると、つぎのようになります。

減価償却費　500,000 円 ÷ 20 年 ÷ 12 か月 × 3 か月 = 6,250 円

（減 価 償 却 費）	6,250	（建物減価償却累計額）	6,250

　減価償却累計額勘定は、有形固定資産ごとに計上することが多いので、建物とか、備品とかをつけた勘定科目を使うことが多いですが、有形固定資産が 1 種類だけの時はつける必要はありません。状況に応じて使い分けてください。

10-6　売上原価の計算

　Step 03 で説明したように商品売買取引は 3 分法で処理しているので、期中は仕入れた商品が仕入勘定に仕入原価で、売りあげた商品が売上勘定に販売価格で記入されます。でもこのままでは商品売買によってどれだけ儲かったかは分かりません。それを知るためには、その会計期間の売上高に対する売上原価を計算して、それを純売上高から差引いて、売上総利益を求めなければなりません。売上原価は Step 03 で説明したように商品有高帳から計算することもできますが、商品有高帳は商品の種類ごとに作成しますから、実際には非常に煩雑な作業となります。そのため、売上原価はつぎの算式によって求めるのが一般的です。

売上原価 = 期首商品棚卸高 + 当期純仕入高 − 期末商品棚卸高

　この計算を帳簿上で行うためには、仕入勘定で売上原価を求める方法と売上原価勘定で求める方法があります。まず、仕入勘定を使う方法を説明します。

① 期首商品棚卸高を、繰越商品勘定から仕入勘定の借方に振り替えます。

（仕　　　　入）	×××	（繰 越 商 品）	×××

② 期末商品棚卸高を、仕入勘定の貸方と繰越商品勘定の借方に記入します。

（繰 越 商 品）	×××	（仕　　　　入）	×××

　この 2 つの仕訳を行うことで、仕入勘定で上記の計算ができ、仕入勘定の借方残高が売上原価を示すことになります。この勘定残高は仕入勘定を締め切るとき、損益勘定へ振り替えられます。

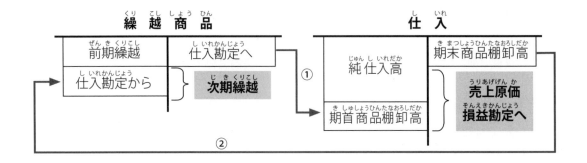

　もうひとつは売上原価勘定を使う方法で、売上原価を計算するために新たに売上原価勘定を設定して、そこに純仕入高と期首・期末の商品棚卸高を振り替えます。

① 当期純仕入高を、仕入勘定から売上原価勘定の借方に振り替えます。
（売　上　原　価）　×××　　（仕　　　　　　入）　×××

② 期首商品棚卸高を、繰越商品勘定から売上原価勘定の借方に振り替えます。
（売　上　原　価）　×××　　（繰　越　商　品）　×××

③ 期末商品棚卸高を、売上原価勘定の貸方と繰越商品勘定の借方に記入します。
（繰　越　商　品）　×××　　（売　上　原　価）　×××

　この3つの仕訳を行うことで、売上原価勘定の借方残高が売上原価を示すことになります。この残高は売上原価勘定を締め切るとき、損益勘定へ振り替えられます。

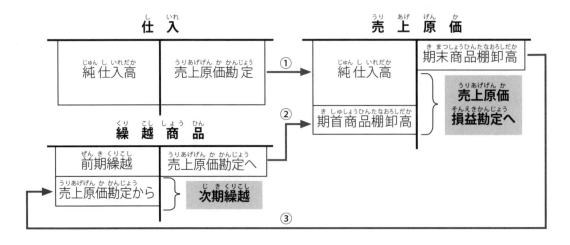

　では例を使って説明しましょう。期首商品棚卸高120,000円、当期商品総仕入高　880,000円、仕入戻し高30,000円、期末商品棚卸高140,000円として、まず、仕入勘定を使って仕訳

してみます。会計期間は4月1日から1年間とします。

① 期首商品棚卸高の振替

3/31　（仕　　　　入）　120,000　　　　　（繰　越　商　品）　120,000

② 期末商品繰越高の振替

3/31　（繰　越　商　品）　140,000　　　　　（仕　　　　入）　140,000

　これらの決算整理仕訳を行なうと仕入勘定で売上原価の計算ができ、残高が売上原価の金額になると同時に、繰越商品勘定の残高が期首商品棚卸高から期末商品棚卸高に替わります。

売上原価＝期首商品棚卸高＋当期純仕入高 － 期末商品棚卸高
　　　　＝120,000円＋(880,000円 － 30,000円) － 140,000円
　　　　＝830,000円

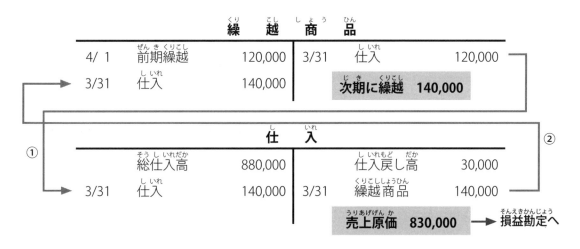

	繰　越　商　品		
4/ 1 前期繰越	120,000	3/31 仕入	120,000
3/31 仕入	140,000	次期に繰越	140,000

	仕　　入		
総仕入高	880,000	仕入戻し高	30,000
3/31 仕入	140,000	3/31 繰越商品	140,000
売上原価	830,000 →損益勘定へ		

① ②

　繰越商品勘定は残高を次期繰越として記入して締め切りますが、仕入勘定はつぎの決算仕訳をして残高を損益勘定に振り替えます。これは Step 12 で説明します。
　つぎに売上原価勘定を使う方法を説明します。

① 当期純仕入高の振替

3/31　（売　上　原　価）　850,000　　　　　（仕　　　　入）　850,000

② 期首商品棚卸高の振替

3/31　（売　上　原　価）　120,000　　　　　（繰　越　商　品）　120,000

③　期末商品繰越高の振替

3/31　（繰　越　商　品）　140,000　　　　（売　上　原　価）　140,000

　このとき、仕入勘定借方には当期総仕入高、貸方には仕入戻し高が記入されているので、残高が当期純仕入高になります。これを売上原価勘定に振り替えますが、仕入勘定はこの取引によって締め切られ、売上原価勘定は決算整理仕訳を転記して売上原価を計算し、それを決算仕訳で損益勘定に振り替えて締め切ります。

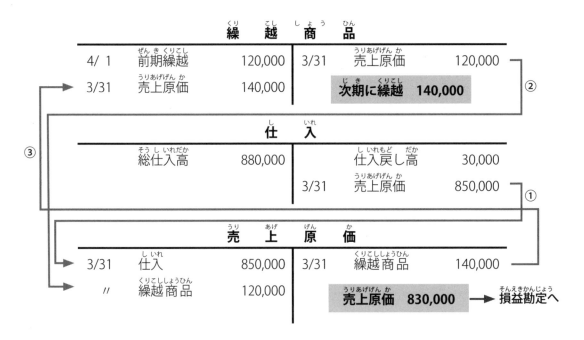

10-7　決算整理事項計算例

　つぎの決算整理前総勘定元帳残高（一部）と決算整理事項等から、決算整理仕訳をしなさい。会計期間は4月1日から3月31日までの1年間である。

〔決算整理前総勘定元帳残高〕（単位：円）

現金	120,000	普通預金	320,000	現金過不足（借方残高）	5,000
売掛金	580,000	繰越商品	320,000	備品	480,000
仮受金	4,500	貸倒引当金	10,000	備品減価償却累計額	180,000

〔決算整理事項等〕
① 売掛金のうち 30,000 円は、すでに当社の普通預金口座に振り込まれていることが判明した。

② 現金過不足は現金の盗難により生じたものである。また、当社では盗難保険をかけており、仮受金は盗難に対する保険金として受け取ったものである。そこで、現金過不足と仮受金を相殺し、差額を雑益または雑損として処理する。

③ 期末の売掛金に対して 2%の貸倒れを見積もり、差額補充法により貸倒引当金を見積もる。

④ 備品について、残存価額ゼロ、耐用年数6年とする減価償却を定額法により行う。なお、備品のうち 120,000 円は1月1日に取得したものであり、同様の条件で減価償却費を月割りにより計算する。

⑤ 期末商品の棚卸高は 250,000 円であった。売上原価は仕入勘定で計算すること。

以上の取引を仕訳するとつぎのようになります。

① この取引は決算整理事項ではありませんが、未処理事項といって、決算のときに判明した期中取引です。売掛金が減少する取引なので、③の貸倒引当金の設定に影響します。

(普 通 預 金)	30,000	(売 掛 金)	30,000

② 現金過不足は借方残高なので、現金の不足の状態です。現金過不足と仮受金を相殺して、残額は雑損にします。5,000 円の現金が盗難に遭って、4,500 円は保険金によって取り戻せたが、500 円は取り戻すことができず、雑損として計上したということです。

(仮 受 金)	4,500	(現 金 過 不 足)	5,000
(雑 損)	500		

③ 貸倒引当金設定の仕訳です。①の結果を忘れないようにしましょう。

(580,000 円 − 30,000 円) × 2% − 3,000 円 = 8,000

(貸 倒 引 当 金 繰 入)	8,000	(貸 倒 引 当 金)	8,000

④ 備品の減価償却の仕訳です。1月に取得した備品と既存の備品を分けて計算しましょう。

(480,000 円 - 120,000 円) ÷ 6 年 = 60,000 円

120,000 円 ÷ 6 年 ÷ 12 か月 × 3 か月 = 5,000 円

(減 価 償 却 費)	65,000	(備品減価償却累計額)	65,000

⑤ 仕入勘定で売上原価を計算する仕訳です。決算整理前総勘定元帳残高の繰越商品勘定の金額が期首商品棚卸高です。

| （仕　　　　　入） | 320,000 | （繰　越　商　品） | 320,000 |
| （繰　越　商　品） | 250,000 | （仕　　　　　入） | 250,000 |

練習問題

1 当社の決算においてつぎの決算整理事項等の処理が必要となった。取引を仕訳しなさい。なお、会計期間は 4 月 1 日から 3 月 31 日までの 1 年間である。

〔決算整理事項等〕
① 現金過不足 50,000 円（貸方残高）の原因を調査したところ、60,000 円の売掛金の現金による回収が未記帳であることが判明したので、適切に処理する。なお、残りの不一致の原因は不明なので、雑益または雑損として処理する。
② 期首商品棚卸高は 68,000 円、期末商品棚卸高は 74,000 円である。売上原価は仕入勘定で計算する。
③ 受取手形 460,000 円、売掛金 340,000 円に対して 3%の貸倒れを見積もる。なお、貸倒引当金の期末残高は 10,000 円で、差額補充法で設定する。
④ 有形固定資産について、減価償却（定額法・間接法）を行なう。
　　建物　取得原価　1,000,000 円　耐用年数　30 年　残存価額　取得原価の 10%
　　備品　取得原価　470,000 円　耐用年数　5 年　残存価額　ゼロ
　　なお、備品のうち 120,000 円は、12 月 1 日に取得して使用を始めたものである。

2 当社の決算においてつぎの決算整理事項等の処理が必要となった。取引を仕訳しなさい。なお、会計期間は 4 月 1 日から 3 月 31 日までの 1 年間である。

〔決算整理事項等〕
① 仮受金 30,000 円は売掛金の受け取りであることが分かったので、適切に処理する。
② 期首商品棚卸高は 147,000 円、期末商品棚卸高は 159,000 円である。また、当期の総仕入高は 1,350,000 円、仕入戻し高は 180,000 円である。売上原価は売上原価勘定で計算する。
③ 売掛金に対して 2%の貸倒れを見積もる。なお、売掛金の整理前残高は 380,000 円で、貸倒引当金の整理前残高は 1,700 円で、差額補充法で設定する。

④ 有形固定資産について、減価償却（定額法・間接法）を行なう。

建物　取得原価　1,200,000円　耐用年数　30年　残存価額　ゼロ

備品　取得原価　960,000円　耐用年数　8年　残存価額　ゼロ

　なお、備品のうち160,000円は、7月1日に取得して使用を始めたものである。

⑤　当座預金150,000円（貸方残高）であるので、借入金勘定に振り替える。

決算整理（2）
けっさんせいり

11-1 費用の前払い（前払費用）
ひよう　まえばらい　まえばらいひよう

　費用は代金の支払いをしたときにその費用が発生したとして費用勘定に記入します。でも代
金を支払ったので勘定には費用として計上したものの中に、そのすべてが当期の費用ではな
く、一部が次期以降の費用の前払いである場合があります。たとえば、保険料は事前に支払い
をしますが、そのすべてが当期分ではなく、次期の分である場合があります。この次期費用の
前払額は、当期の費用から控除して、**前払費用勘定**（資産）として繰り延べます。これを**費
用の繰延べ**といいます。貸借対照表には前払費用勘定と表示しますが、総勘定元帳では前払
保険料勘定や前払利息勘定などを用います。火災保険料を例にして考えてみましょう。会計期
間は4月1日から3月31日までの1年間とします。

〔取引例〕
とりひきれい

　7/ 1　火災保険の契約をし、1年分の保険料60,000円を現金で支払った。
　3/31　決算日につき、火災保険料の未経過分を次期に繰り延べる。
　4/ 1　前期から繰越された前払保険料を支払保険料勘定に再振替えした。
　7/ 1　つぎの1年分の保険料60,0000円を現金で支払った。
　3/31　決算日につき、火災保険料の未経過分を次期に繰り延べる。

　まず、7月1日の取引を仕訳するとつぎのようになります。初めて保険契約をしたときの取
引です。7月から翌期の6月までの1年分を支払いました。保険料勘定には1年分の60,000
円が記入されますが、7月から3月までの9か月分の45,000円は当期分で、4月から6月まで
の3か月分の15,000円は次期分です。

（保　険　料）　　60,000　　　　（現　　　金）　　60,000

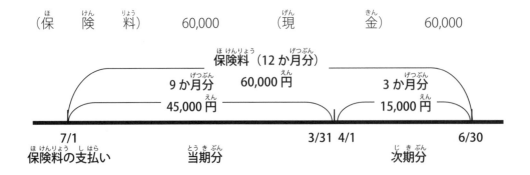

3月31日の決算日には、次期分の15,000円を前払保険料として次期に繰り延べます。この仕訳を振替仕訳といいます。この振替仕訳をすることによって保険料勘定の残高は7月から3月までの9か月分の45,000円になります。この金額が損益勘定に振り替えられます。保険料勘定はこれで締め切られます。この手続きはStep 12で説明します。

(前払保険料)　　15,000　　　　　(保険料)　　15,000

　ここまでの保険料勘定の記入はつぎのようになります。仕丁欄の記入は省略します。

保険料

日付		摘要	仕丁	借方	日付		摘要	仕丁	貸方
7	1	現金		60,000	3	31	前払保険料		15,000
						〃	損益		45,000
				60,000					60,000

　次期分の保険料は前払保険料勘定で次期に繰り越されます。前払保険料勘定の記入はつぎのようになります。

前払保険料

日付		摘要	仕丁	借方	日付		摘要	仕丁	貸方
3	31	保険料		15,000	**3**	**31**	**次期繰越**	✓	**15,000**
4	1	前期繰越	✓	15,000					

　翌期首には再振替仕訳をします。この仕訳は決算で行った振替仕訳を元に戻すために貸借逆にする仕訳です。これによって、資産として繰り越された前期に支払った保険料が当期の費用として計上されることになります。

(保険料)　　15,000　　　　　(前払保険料)　　15,000

　そして、また7月に1年分を支払い、決算日にまた3か月分を次期に繰り越します。これによって2年目は、保険料勘定には4月に前期に支払った3か月分が記入され、7月に1年分を支払って、この段階で15か月分が記入されます。そして決算でまた3か月分を繰り延べることによって12か月分が当期の費用になります。2年目の支払保険料勘定と保険料勘定はつぎのようになります。

前払保険料

日付		摘要	仕丁	借方	日付		摘要	仕丁	貸方
4	1	前期繰越	✓	15,000	4	1	保険料		15,000
3	31	保険料		15,000	3	31	次期繰越	✓	**15,000**
				30,000					**30,000**
4	1	前期繰越	✓	15,000					

保険料

日付		摘要	仕丁	借方	日付		摘要	仕丁	貸方
4	1	前払保険料		15,000	3	31	前払保険料		15,000
7	1	現　　金		60,000	〃		損　　益	✓	60,000
				75,000					75,000

11-2　収益の前受け（前受収益）

　収益は代金の受け取りをしたときにその収益が発生したとして収益勘定に記入します。でも代金を受取ったので勘定には収益として計上したものの中に、そのすべてが当期の収益ではなく、一部が次期以降の収益の前受けである場合があります。たとえば金銭を貸してその利息を先に受け取ったとき、そのすべてが当期分ではなく、次期の分である金額があります。この次期収益の前受額は、当期の収益から控除して、**前受収益勘定**（負債）として繰り延べます。これを**収益の繰延べ**といいます。貸借対照表には前受収益勘定と表示しますが、総勘定元帳では前受利息勘定や前受家賃勘定などを用います。貸付金の利息を例にして考えてみましょう。

〔取引例〕

11/1　1,000,000 円を 1 年後に返済する約束で貸し付け、その利息 12,000 円を控除して現金を渡した。

3/31　決算日につき、受取利息の未経過分を次期に繰り延べる。

4/1　前期から繰越された前受家賃を受取家賃勘定に再振替えした。

10/31　貸付金の返済を受け、普通預金口座に振り込まれた。

　まず、11 月 1 日の取引を仕訳するとつぎのようになります。金銭を貸し付けると同時に利息を受け取る取引です。11 月から翌期の 10 月までの 1 年分の利息を受け取りました。受取利

息勘定には1年分の12,000円が記入されますが、11月から3月までの5か月分の5,000円は当期分で、4月から10月までの7か月分の7,000円は次期分です。

（貸　付　金）	1,000,000	（現　　　　金）	988,000
		（受　取　利　息）	12,000

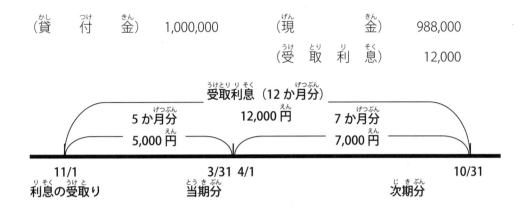

受取利息（12か月分）

5か月分	12,000円	7か月分
5,000円		7,000円

11/1　利息の受取り　　　3/31　当期分　4/1　　　　次期分　　　10/31

3月31日の決算日には、次期分の7,000円を前受利息として次期に繰り延べます。この振替仕訳をすることによって受取利息勘定の残高は11月から3月までの5か月分の5,000円になります。この金額が損益勘定に振り替えられ、受取利息勘定は締め切られます。

（受　取　利　息）	7,000	（前　受　利　息）	7,000

ここまでの受取利息勘定と前受利息勘定の記入はつぎのようになります。

受 取 利 息

日付		摘　要	仕丁	借　方	日付		摘　要	仕丁	貸　方
3	31	前 受 利 息		5,000	11	1	貸 付 金		12,000
	〃	損　　益		7,000					
				12,000					12,000

前 受 利 息

日付		摘　要	仕丁	借　方	日付		摘　要	仕丁	貸　方
3	**31**	**次 期 繰 越**	✓	**7,000**	3	31	受 取 利 息		7,000
					4	1	前 期 繰 越	✓	7,000

翌期首につぎの再振替仕訳をします。これによって、負債として繰り越された前期に受け取った受取利息が当期の収益として計上されることになります。

（前 受 利 息）	7,000		（受 取 利 息）	7,000

前 受 利 息

日付	摘 要	仕丁	借 方	日付	摘 要	仕丁	貸 方
4 1	受 取 利 息		7,000	4 1	前 期 繰 越	✓	7,000

受 取 利 息

日付	摘 要	仕丁	借 方	日付	摘 要	仕丁	貸 方
				4 1	前 受 利 息		7,000

　10月に貸付金が返済され、つぎの仕訳が行われます。すでに利息を受け取っているので、このタイミングでは利息が計上されませんが、4月1日に再振替仕訳をすることで、7か月分が当期分として受取利息勘定に計上されています。この金額が当期の収益となり、前受利息勘定は再振替仕訳をしたため、残高がゼロになっています。

（普 通 預 金）	1,000,000		（貸 付 金）	1,000,000

11-3　費用の未払い（未払費用）

　費用は代金の支払いをしたときにその費用が発生したとして費用勘定に記入しますが、期末決算のときにまだ代金を支払っていないので記帳していないけれども、当期の費用として記帳すべき費用があります。たとえば返済するときに利息を支払う約束で金銭借りたとき、まだ支払いをしていないので帳簿に記入していないが、決算日までの借りた期間に対する利息は当期の費用となります。この費用の未払額は、当期の費用として見越して勘定に記入して、**未払費用勘定**（負債）として次期に繰り越します。これを**費用の見越し**といいます。貸借対照表には未払費用勘定と表示しますが、総勘定元帳では未払利息勘定や未払家賃勘定を用います。借入金の利息を例にして考えてみましょう。

〔取引例〕

3/31　決算日にあたり、借入金の利息を見越し計上する。この借入金は当期の12月1日に6か月後の5月31日に利息12,000円とともに返済する約束で借りた500,000円である。

4/1　前期から繰越された未払利息を支払利息勘定に再振替えした。

5/31　上記借入金を利息とともに現金で返済した。

費用は代金を支払ったときに発生したと考えるので、決算日にはこの借入金に対する12月から3月までの4か月分の利息は帳簿に記入されていません。この4か月分の利息8,000円を振替仕訳することで支払利息勘定に計上して、未払利息勘定で未払額を負債として次期に繰り越します。こうすることで、4か月分の利息が当期の支払利息になります。

(支 払 利 息)　　　8,000　　　　(未 払 利 息)　　　8,000

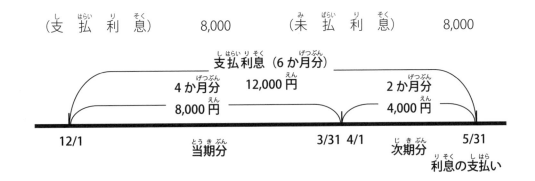

未 払 利 息

日付		摘 要	仕丁	借 方	日付		摘 要	仕丁	貸 方
3	31	次 期 繰 越	✓	8,000	3	31	支 払 利 息		8,000
					4	1	前 期 繰 越	✓	8,000

支 払 利 息

日付		摘 要	仕丁	借 方	日付		摘 要	仕丁	貸 方
3	31	未 払 利 息		8,000	3	31	損 益		8,000

翌期首に再振替仕訳をします。これによって、負債として繰り越された前期分の費用が支払利息勘定の貸方に記入され、費用である支払利息勘定が貸方残高で、マイナスの状態になります。

(未 払 利 息)　　　8,000　　　　(支 払 利 息)　　　8,000

未 払 利 息

日付		摘 要	仕丁	借 方	日付		摘 要	仕丁	貸 方
4	1	支 払 利 息		8,000	4	1	前 期 繰 越	✓	8,000

支 払 利 息

日付		摘　　要	仕丁	借　方	日付		摘　　要	仕丁	貸　方
					4	1	未払利息		8,000

　5月31日に借入金を返済するときに6か月分の利息を支払ったときの仕訳はつぎのとおりです。この仕訳を支払利息勘定に転記すると、支払利息勘定の残高が借方4,000円となります。これは2か月分の金額です。再振替仕訳をすることで5月に支払った6か月分の金額から、前期に費用計上した4か月分が差し引かれ、当期分の2か月分になります。

　　（借　入　金）　500,000　　（現　　　　金）　512,000
　　（支　払　利　息）　12,000

支 払 利 息

日付		摘　　要	仕丁	借　方	日付		摘　　要	仕丁	貸　方
5	31	現　　金		12,000	4	1	未払利息		8,000

　以上のようにすることで、次期に支払う費用を当期分と次期分に分けて計上することができます。

11-4　収益の未収（未収収益）

　収益は代金を受け取ったときにその収益が発生したとして収益勘定に記入しますが、期末決算のときにまだ代金を受け取っていないので記帳していないけれども、当期の収益として記帳すべき収益があります。たとえば返済を受けるときに利息も受け取る約束で金銭を貸し付けたとき、まだ受け取っていないので帳簿に記入していないが、決算日までの貸し付けた期間に対する利息は当期の収益となります。この収益の未収額は、当期の収益として見越して勘定に記入して、**未収収益勘定**（資産）として次期に繰り越します。これを**収益の見越し**といいます。貸借対照表には未収収益勘定と表示しますが、総勘定元帳では未収利息勘定や未収家賃勘定を用います。貸付金の利息を例にして考えてみましょう。

〔取引例〕

3/31　決算日にあたり、貸付金の利息を見越し計上する。この貸付金は当期の2月1日に6か月後の7月31日に利息6,000円とともに返済を受ける約束で貸した100,000円である。

4/1　前期から繰越された未収利息を受取利息勘定に再振替えした。

7/31　上記貸付金と利息を、現金で回収した。

　収益は代金を受け取ったときに発生したと考えるので、決算日にはこの貸付金に対する2か月分の利息は帳簿に記入されていません。この2か月分の利息2,000円を振替仕訳することで受取利息勘定に計上して、未収利息勘定で未払額を資産として次期に繰り越します。こうすることで、2か月分の利息が当期の受取利息になります。

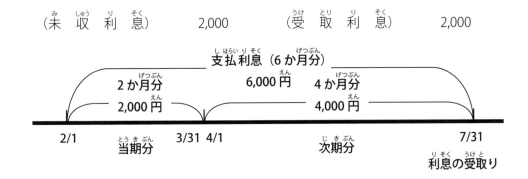

（未　収　利　息）　　　2,000　　　（受　取　利　息）　　　2,000

未 収 利 息

日付		摘　要	仕丁	借　方	日付		摘　要	仕丁	貸　方
3	31	受 取 利 息		2,000	**3**	**31**	**次 期 繰 越**	**✓**	**2,000**
4	1	前 期 繰 越	✓	2,000					

受 取 利 息

日付		摘　要	仕丁	借　方	日付		摘　要	仕丁	貸　方
3	31	損　　　益		2,000	3	31	未 収 利 息		2,000

　翌期首に再振替仕訳をします。これによって資産として繰り越された前期分の収益が受取利息勘定の借方に記入され、収益である受取利息勘定が借方残高で、マイナスの状態になります。

（受　取　利　息）　　　2,000　　　（未　収　利　息）　　　2,000

未収利息

日付		摘要	仕丁	借方	日付		摘要	仕丁	貸方
4	1	前期繰越	✓	2,000	4	1	受取利息		2,000

受取利息

日付		摘要	仕丁	借方	日付		摘要	仕丁	貸方
4	1	未収利息		2,000					

　7月31日に貸付金の返済を受けるときに3か月分の利息を受け取ったときの仕訳はつぎのとおりです。この仕訳を受取利息勘定に転記すると、受取利息勘定の残高が貸方4,000円となります。これは4か月分の金額です。再振替仕訳をすることで7月に受け取った6か月分の金額から、前期に収益計上した2か月分が差し引かれ、当期分が4か月分になります。

（現　　　　金）　　106,000　　　　（貸　付　金）　　　100,000
　　　　　　　　　　　　　　　　　　　（受　取　利　息）　　　　6,000

受取利息

日付		摘要	仕丁	借方	日付		摘要	仕丁	貸方
4	1	未収利息		2,000	7	31	現　　　金		6,000

11-5　貯蔵品の棚卸し

　収入印紙や郵便切手、事務用に使用する消耗品（鉛筆・ノートなど）などはまとめて購入して、必要なときに使います。これらは正式には、使用する度に費用として計上するのですが、処理が煩雑なので、通常は購入したときに一括して費用計上します。
　収入印紙は**租税公課**（費用）または**印紙税**（費用）、郵便切手は**通信費**（費用）、事務用の消耗品は**消耗品費**（費用）として、購入金額を一括して費用計上します。
　ところが期末に未使用のまま残ることがあります。未使用ということはまだ費用になっていないということなので、この金額をそれぞれの勘定から控除して、使用した分だけを当期の費用としなければなりません。このとき控除した金額は、**貯蔵品勘定**（資産）に振り替えられます。
　翌期首には貯蔵品勘定からまたそれぞれの費用の勘定に振り替えられます。未使用分は翌期

に消費して費用になるからです。

　手続きとしては前払費用と同じです。この場合は、収入印紙、郵便切手、事務用消耗品といった実物の資産として繰り越されることになります。取引例でみてみましょう

〔取引例〕
①　収入印紙 12,000 円と郵便切手 21,000 円を現金で購入した。
②　決算につき棚卸しをしたところ、収入印紙が 3,000 円、郵便切手が 4,200 円の在庫があった。
③　再整理（再振替）仕訳を行なった。

取引例を仕訳するとつぎのようになります。

①	（租 税 公 課）	12,000	（現　　　　金）	33,000	
	（通 信 費）	21,000			
②	（貯 蔵 品）	7,200	（租 税 公 課）	3,000	
			（通 信 費）	4,200	
③	（租 税 公 課）	3,000	（貯 蔵 品）	7,200	
	（通 信 費）	4,200			

11-6　決算整理事項計算例

　つぎの決算整理前総勘定元帳残高（一部）と決算整理事項から、決算整理仕訳をしなさい。会計期間は 4 月 1 日から 3 月 31 日までの 1 年間である。

〔決算整理前総勘定元帳残高〕（単位：円）

貸 付 金	1,000,000	手形借入金	1,500,000	受 取 地 代	195,000
受取手数料	81,000	受 取 利 息	5,000	給 料	320,000
租 税 公 課	45,000	通 信 費	34,600	保 険 料	80,000
支 払 地 代	325,000	支払手数料	52,000	支 払 利 息	18,000

〔決算整理事項〕
①　収入印紙 3,000 円と郵便切手 8,400 円が未使用のまま残っている。
②　保険料は毎年 8 月 1 日に 1 年分を支払っている。
③　貸付金は、当期の 1 月 1 日に期間 12 か月、利率年 3%（利息は返済時に全額受け取り）

の条件で貸し付けたものである。なお、利息の計算は月割りによること。

④ 給料の未払分が 20,000 円ある。

⑤ 受取地代は偶数月の月末にむこう 2 か月分として 30,000 円を受け取っている。

⑥ 11 月 1 日に 11 月から翌期 4 月までの 6 か月分の家賃 150,000 円を支払い、その全額を支払家賃として処理した。よって未経過分を月割で処理した。

⑦ 手数料に未収分が 21,000 円ある。

⑧ 手形借入金は当期の 12 月 1 日に借入期間 12 か月、利率年 4.5％で借り入れたものであり、借入時に 12 か月分の利息が差し引かれた金額を受け取っている。そこで、利息の前払分を月割りにより計上する。

以上の取引を仕訳するとつぎのようになります。

① 収入印紙は購入したときに租税公課、郵便切手は通信費として処理していますから、それぞれの勘定から貯蔵品勘定へ残った金額を振り替えます。

  （貯 蔵 品） 11,400 （租 税 公 課） 3,000
              （通 信 費） 8,400

② 保険料は毎年同じ金額を支払っているので、前期にも 4 月から 7 月までの 4 か月分が繰り越され、再振替仕訳で保険料勘定に記入されています。ですから保険料勘定には 16 か月分が記入されていることになります。1 か月分は 5,000 円で 4 か月分を前払保険料とします。

  （前 払 保 険 料） 20,000 （保 険 料） 20,000

③ 貸付金の利息は受取利息で、返済時に受け取ることになっているので、1 月から 3 月までの 3 か月分が未収利息となります。

  1,000,000 円× 3%÷ 12 か月× 3 か月＝ 7,500 円

  （未 収 利 息） 7,500 （受 取 利 息） 7,500

④ 未払給料を計上します。

  （給 料） 20,000 （未 払 給 料） 20,000

⑤　受取地代は 2 月末に 3 月と 4 月分を計上しているので、1 か月分を前受地代とします。

（受　取　地　代）　　　15,000　　　　　（前　受　地　代）　　　15,000

⑥　家賃は 4 月分の 1 か月分が前払家賃になります。
　　　150,000 円÷ 6 か月× 1 か月＝ 25,000 円

（前　払　家　賃）　　　25,000　　　　　（支　払　家　賃）　　　25,000

⑦　未収手数料を計上します。

（未　収　手　数　料）　　　21,000　　　　　（受　取　手　数　料）　　　21,000

⑧　手形借入金の利息は支払利息で、借入時に支払っているので、8 か月分が前払利息になります。
　　　1,500,000 円× 4.5%÷ 12 か月× 8 か月＝ 45,000 円

（前　払　利　息）　　　45,000　　　　　（支　払　利　息）　　　45,000

貸付金や借入金の利息の計算は日割りで計算するよ。でも、決算整理計算するときは月割りで計算することが多いよ。
問題に指示が書いてあるから、よく読んでね。

練習問題

1　つぎの決算整理事項を仕訳しなさい。（決算日：3 月 31 日）

①　保険料は 1 年分 60,000 円で、保険契約後決算日までの経過期間は 9 か月である。
②　貸付金の利息は 7 月末に受取ることになっており、期日に受け取る利息は半年分の 30,000 円である。
③　借入金 500,000 円は 12 月 1 日に利率年 6%で借りたものであり、利息は半年後の返済日に支払うことになっている。
④　消耗品の期末未消費高は 4,000 円である。購入時に消耗品費勘定に記入している。

⑤　事務所の家賃は毎年8月1日に向こう1年分1,200,000円を支払っている。

⑥　土地を1か月80,000円で貸しており、10月分までが受取地代勘定に記入されている。

⑦　本年7月1日に厚木商店に貸付期間2年、利率年8%で1,000,000円を貸付けた。利息は6月と12月の末日に半年分ずつ受取ることになっている。利息は月割計算する。

⑧　本年12月1日に大山商店に貸付期間1年、利率年7.2%で800,000円を貸付けた。利息は貸付けたときに受取った。

⑨　本年8月1日に借入期間1年、利率7.2%で2,000,000円を借り入れた。利息は借入れたときに支払った。

⑩　収入印紙の期末未消費高が3,000円あった。

2　つぎの決算整理事項等を仕訳しなさい。ただし、会計期間はx3年4月1日からx4年3月31日までの1年間である。

①　仮払金40,000円はx4年4月分と5月分の2か月分の家賃がx4年3月28日に普通預金口座から引き落とされたものであることが判明した。そこで、家賃の前払分として処理する。

②　貸付金3,000,000円は、x3年9月1日に期間1年、利率年3%の条件で貸し付けたものであり、利息は貸付時に全額受け取っている。そこで、利息について月割りにより適切に処理する。

③　借入金1,200,000円は、期間1年、利率年3%、利息は元本返済時に1年分を支払う条件で、x3年12月1日に借り入れたものである。したがって、当期にすでに発生している利息を月割りで計上する。

④　保険料24,000円は、x3年8月1日に支払った建物に対する1年分の火災保険料である。よって未経過分を月割りで計上する。

⑤　受取地代は偶数月の月末にむこう2か月分8,000円を受け取っている。

帳簿の締め切り

Step 12

12-1 仕訳帳と総勘定元帳の締切り

決算手続は、予備手続が終わると本手続を行います。本手続は仕訳帳と総勘定元帳を締め切る手続きです。

決算手続の方法には、大陸式決算法と英米式決算法があります。3級では通常、英米式決算法が問われので、英米式決算法を説明します。

英米式決算法は資産・負債・純資産の各勘定を締め切るとき、残高勘定を使わない簡便法的な方法です。英米式決算法では、収益・費用の勘定についてはそれぞれの勘定残高を損益勘定に振り替えて 収益と費用の残高を損益勘定に集計して締切ります。資産・負債・純資産の勘定については各勘定残高をそれぞれの勘定の上で次期に繰越して締切る方法です。その手順を示すと、つぎのとおりです。

① 決算整理仕訳と元帳の修正

決算整理事項を、期中取引の仕訳とは区別して仕訳帳に仕訳し、元帳に転記します。決算予備手続で試算表を作成するとき、仕訳帳は期中仕訳を締め切っているので、この後に決算整理仕訳として記入します。

② 収益・費用の諸勘定の集計と締切り

つぎに、決算整理仕訳を転記した元帳の収益と費用の各勘定を締め切ります。これらの勘定を締め切るために、新しく**損益勘定**（集合勘定）を設けて、各勘定残高を振り替えます。損益勘定は損益を計算するために、収益と費用の各勘定残高を集計する勘定です。このとき行なう仕訳を**決算仕訳**といいます。決算仕訳は、仕訳帳に決算整理仕訳の後に、決算仕訳であることを明記して仕訳し、元帳に転記します。

（1）それぞれの収益勘定残高（貸方残高）を、損益勘定貸方に振り替えます。

（収 益 の 勘 定）　×××　　　（損　　　益）　×××

（2）収益勘定ごとに貸借合計が一致することを確認して、締め切ります。

（3）（1）と同様に、それぞれの費用勘定残高（借方残高）を損益勘定借方に振り替えます。

（損　　　益）　×××　　　（費 用 の 勘 定）　×××

（4）費用勘定ごとに貸借合計が一致することを確認して、締め切ります。

③　純損益の繰越利益剰余金勘定への振替

　　つぎに、収益と費用の各勘定残高が振り替えられた損益勘定の残高を繰越利益剰余金勘定に振り替えます。損益勘定の残高は、当期純利益の場合は貸方に、当期純損失の場合は借方にあります。個人企業の場合は、資本金勘定に振り替えます。

(1)　純損益を資本金勘定に振替えるための決算仕訳を仕訳帳にし、転記します。

　　　　当期純利益の場合

　　　　（損　　　　益）　　×××　　　　（繰越利益剰余金）　　×××

　　　　当期純損失の場合

　　　　（繰越利益剰余金）　　×××　　　　（損　　　　益）　　×××

(2)　損益勘定の貸借合計が一致することを確認して、締め切ります。

④　資産と負債と純資産諸勘定の集計と締切り

　　資産と負債と純資産の各勘定残高を次期に繰越して、締め切ります。

(1)　資産勘定残高（通常、借方残高）を次期に繰越すため、その金額をその残高がある側とは逆側（この場合は貸方）に決算日の日付で「次期繰越」として朱記します。この記入は、仕訳帳には仕訳しないで行なうので、仕丁欄には「✓」をつけます。

(2)　資産勘定の貸借合計が一致することを確認して、締め切ります。

(3)　つぎに翌期の開始記入をします。翌期首の日付で、残高のある側（借方）に「前期繰越」と金額を記入します。この場合も、仕訳帳に仕訳しないで行なうので、仕丁欄には「✓」をつけます。

(4)　負債と純資産勘定についても同様に処理します。この場合、勘定残高が貸方残高になるので、資産勘定の締切りとは貸借を逆にして、同じことを行ないます。

(5)　**繰越試算表**を作成します。繰越試算表は、元帳の締切りが正しくできたかを確認するために作成される残高試算表で、資産・負債・純資産の各勘定残高を集計したものです。

⑤　仕訳帳その他諸帳簿の締切り

　　最後に仕訳帳とその他の諸帳簿を締め切ります。仕訳帳は決算仕訳を締め切った後、開始記入します。これは、勘定残高の繰越をすべて総勘定元帳で行なっているため、開始仕訳に代わるものとして、繰越試算表の合計金額を仕訳帳に「前期繰越」として記入します。これをすることで、仕訳帳の合計額と合計試算表の合計額を比較して、転記ミスを発見することができます。

> **memo**
>
> 大陸式決算法は、まず収益・費用の勘定残高を損益勘定に振り替えて集計します。つぎに損益勘定の貸方に集計された収益と借方に集計された費用の差額として当期純利益を計算します。この当期純利益は繰越利益剰余金勘定に振り替えられます。そして、資産・負債・純資産の各勘定残高を残高勘定に集計して締め切る方法です。
>
> 損益勘定と残高勘定は集合勘定といって、総勘定元帳を締め切るために、決算の時に特別に設けられる勘定です。損益勘定は損益計算書、残高勘定は貸借対照表の各勘定が集計されます。

　Step 01 で期中取引を記入した仕訳帳と総勘定元帳を使って、Step 09 〜 11 で説明した決算予備手続を含めた決算手続を説明します。

　期中取引の記帳が終わるとまず最初に行う決算手続きは、決算予備手続のひとつ、試算表を作成です。Step 01 で記入した総勘定元帳を T 勘定で示すと、以下のとおりです。

現　金　1

4/1 前期繰越	80,000	4/2 仕入	10,000		
7/5 売上	50,000	11/22 買掛金	300,000		
9/10 売掛金	400,000	3/25 給料	80,000		

買　掛　金　11

11/22 現金	300,000	4/1 前期繰越	60,000
		2 仕入	300,000

売　掛　金　2

4/1 前期繰越	70,000	9/10 現金	400,000
7/5 売上	400,000		

資　本　金　21

		4/1 前期繰越	100,000

備　品　3

4/1 前期繰越	40,000

繰越利益剰余金　22

		4/1 前期繰越	30,000

仕　入　41

4/2 諸口	310,000

売　上　31

		7/5 諸口	450,000

給　料　42

3/25 現金	80,000

　まず、合計試算表から作成しましょう。各勘定科目の借方合計と貸方合計を求め、勘定科目ごとに借方と貸方の合計欄に記入します。たとえば現金勘定の借方合計は 530,000 円（＝ 80,000 円＋ 50,000 円＋ 400,000 円）なので、それを合計残高試算表の借方の合計欄に記入します。そして、貸方の合計は 390,000 円（＝ 10,000 円＋ 300,000 円＋ 80,000 円）なので、合

計残高試算表の貸方の合計欄に記入します。同様の作業を売掛金勘定から給料勘定まで行います。総勘定元帳の借方、貸方のどちらかに記入がない場合は試算表の該当欄を空欄にしておきます。すべての集計が終わったら、合計欄の合計を求めます。借方と貸方の合計額が一致すれば、完成です。

　つぎに残高試算表は、各勘定の借方合計と貸方合計の差額を求めて、その差額を合計額の多い方に記入します。たとえば、現金勘定なら、借方合計 530,000 円、貸方合計 390,000 円ですから、差額の 140,000 円を合計金額の多い借方に記入します。合計の多い側に、残高が残るということです。同様の作業を残りの勘定で行い、残高欄の合計を求めます。これも、借方と貸方の合計額が一致すれば、完成です。

　合計が一致しない場合は、どこかで間違っていますので、その間違いを探します。考えられる間違いは、試算表作成時の計算ミス、仕訳帳から総勘定元帳への転記ミスなどです。

合計残高試算表　　　　　　　（単位：円）

借方		元丁	勘定科目	貸方	
残高	合計			合計	残高
140,000	530,000	1	現　　　　　金	390,000	
70,000	470,000	2	売　　掛　　金	400,000	
40,000	40,000	3	備　　　　　品		
	300,000	11	買　　掛　　金	360,000	60,000
		21	資　　本　　金	100,000	100,000
		22	繰越利益剰余金	30,000	30,000
		31	売　　　　　上	450,000	450,000
310,000	310,000	41	仕　　　　　入		
80,000	80,000	42	給　　　　　料		
640,000	1,730,000		合　　計	1,730,000	640,000

　試算表が完成したら、仕訳帳を締め切りましょう。仕訳帳を前期繰越から最後の仕訳まで、借方と貸方をそれぞれに合計してみてください。そのために、最後の取引の金額欄に実線を引き、合計します。合計が一致したら、日付と金額欄に二重線を引いて締め切ります。二重線で区切ることによって、期中の取引の記入がここで終了したことを表します。なお、この合計額は合計試算表の合計欄の合計と一致します。このことによって、仕訳が漏れなく、仕訳帳から総勘定元帳に転記されていることが分かります。

仕 訳 帳　　　　　　　　　　1

日付	摘　要	元丁	借　方	貸　方
〰〰	〰〰〰〰〰〰〰〰〰	〰	〰〰〰	〰〰〰
	買掛金現金支払い			
	合　計	✓	1,730,000	1,730,000

期中の取引の記入と確認が終わりましたので、つぎに決算整理を行います。決算整理事項は以下のとおりとします。

決算整理事項
① 備品について、10,000円の減価償却（間接法）を行う。
② 商品の期末繰越はない。

決算整理仕訳をするために、仕訳帳の期中取引を締め切った後の摘要欄に、「決算整理仕訳」と記入して、①の決算整理仕訳をします。日付は決算日の3/31で、備品の減価償却の仕訳をして、各勘定に転記します。元丁欄、仕丁欄の記入を忘れずにしましょう。②は、商品の期末残高があれば売上原価を求める仕訳をするのですが、ないので、何もしません。期首に商品がなかったので、当期に仕入れた商品すべてを販売したということです。仕訳帳は、期中取引と同じように合計をだして、締め切ります。

仕 訳 帳　　　　　　　　　　1

日付	摘　要	仕丁	借　方	貸　方
〰〰	〰〰〰〰〰〰〰〰〰	〰	〰〰〰	〰〰〰
	合　計	✓	1,730,000	1,730,000
	決算整理仕訳			
3　31	（減価償却費）	43	10,000	
	（減価償却累計額）	4		10,000
	備品減価償却費の計上			
	合　計	✓	10,000	10,000

減価償却費　43

日付		摘要	仕丁	借方	日付		摘要	仕丁	貸方
3	31	減価償却累計額	1	10,000					

減価償却累計額　4

日付		摘要	仕丁	借方	日付		摘要	仕丁	貸方
					3	31	減価償却費	1	10,000

　決算整理が終わったら、つぎは総勘定元帳を締め切ります。総勘定元帳を締め切るための仕訳を、決算仕訳といいます。仕訳帳には摘要欄に「決算仕訳」と記入してから、収益と費用の勘定を締め切るための仕訳をします。

　収益と費用の勘定を締め切るためには、損益勘定という収益と費用の勘定残高を集計する勘定を設けて、それぞれの勘定残高を損益勘定に振り替えて、収益と費用の各勘定の借方合計と貸方合計を一致させて締め切ります。そのときに、決算仕訳として収益と費用の勘定から損益勘定に振り替えるための仕訳をして、各勘定に転記します。

　まず、収益の勘定である売上勘定を締め切るために、その貸方残高 450,000 円を売上勘定の借方に記入して、損益勘定の貸方に振り替えます。そのための仕訳が 1 番目の仕訳です。この仕訳を転記すると売上勘定は、貸借ともに 450,000 円となり、合計が一致します。合計が一致するということは、残高がないということなので、それを確かめて、日付欄と金額欄に二重線を引いて、売上勘定を締め切ります。この売上勘定のように貸借の記入がひとつだけで、わざわざ合計を求めなくても一致していることが分かる場合は、合計を計算せず、そのまま締め切ります。

　つぎに費用の勘定である仕入勘定、給料勘定および減価償却費勘定の借方残高をそれぞれ貸方に記入して、損益勘定の借方に振り替えます。この仕訳を転記すると仕入勘定、給料勘定および減価償却費勘定は貸借の合計が一致するので、日付欄と金額欄に二重線を引いて締め切ります。損益勘定の借方の記入は、普通の取引の転記の場合は「諸口」でまとめて記入しますが、決算仕訳の場合は勘定科目ごとに記入します。

　最後に、損益勘定の残高を繰越利益剰余金勘定に振り替えます。損益勘定には借方に費用、貸方に収益が集計されたので、その差額である貸方残高は当期純利益ということになります。株式会社の場合には税引後の当期純利益を損益勘定借方から、繰越利益剰余金勘定貸方に振り替えます。ここでは簡略化のため法人税等の計算は省略します。この仕訳をして転記すると損益勘定の貸借合計が一致しますので、確認して締め切ります。

　仕訳帳は、決算仕訳の貸借合計を計算して、一致することを確認して締め切ります。

仕 訳 帳

日付	摘要	仕丁	借方	貸方
	決算仕訳			
3 31	(売 上)	31	450,000	
	(損 益)	51		450,000
	収益の振替			
〃	(損 益) 諸 口	51	400,000	
	(仕 入)	41		310,000
	(給 料)	42		80,000
	(減価償却費)	43		10,000
	費用の振替			
〃	(損 益)	51	50,000	
	(繰越利益剰余金)	22		50,000
	当期純利益の振替			
	合 計	✓	900,000	900,000

売 上

31

日付	摘要	仕丁	借方	日付	摘要	仕丁	貸方
3 31	損 益	2	450,000	7 5	諸 口	1	450,000

仕 入

41

日付	摘要	仕丁	借方	日付	摘要	仕丁	貸方
4 2	諸 口	1	310,000	3 31	損 益	2	310,000

給 料

42

日付	摘要	仕丁	借方	日付	摘要	仕丁	貸方
3 25	現 金	1	80,000	3 31	損 益	2	80,000

減価償却費

43

日付	摘要	仕丁	借方	日付	摘要	仕丁	貸方
3 31	減価償却累計額	1	10,000	3 31	損 益	1	10,000

損益

日付		摘要	仕丁	借方	日付		摘要	仕丁	貸方
3	31	仕入	2	310,000	3	31	売上	2	450,000
	〃	給料	〃	80,000					
	〃	減価償却費	〃	10,000					
	〃	繰越利益剰余金	〃	50,000					
				450,000					450,000

繰越利益剰余金 21

日付		摘要	仕丁	借方	日付		摘要	仕丁	貸方
					4	1	前期繰越	✓	30,000
					3	31	損益	2	50,000

　これで、仕訳帳と総勘定元帳の収益および費用の勘定の締め切りが終わりました。つぎに、資産、負債および純資産の勘定を締め切りますが、これらの勘定は収益および費用の勘定のように損益勘定へ振り替える仕訳をしないで、各勘定の残高を残高のある側とは逆側に、決算日の日付で「次期繰越」として赤で記入（朱記）して、貸借の合計を一致させて締め切ります。仕訳帳に仕訳をしないで行いますので、仕丁欄には✓を付けます。ただし、手書きで帳簿を記入する場合は赤を使って記入しますが、検定試験などでは赤を使うことはありません。また勘定を締め切ったら、次期繰越とは逆側に、翌期の期首の日付で前期繰越を記入します。これを開始記入といいます。仕訳帳にも同じように開始記入をします。資産、負債および純資産の繰越高の合計金額を、前期繰越として記入します。これは後で説明する繰越試算表の合計額でもあります。

現金 1

日付		摘要	仕丁	借方	日付		摘要	仕丁	貸方
3	31	前期繰越	✓	80,000	4	2	仕入	1	10,000
7	5	売上	1	50,000	11	22	買掛金		300,000
9	10	売掛金	〃	400,000	3	25	給料		80,000
						31	次期繰越	✓	140,000
				530,000					530,000
4	1	前期繰越	✓	450,000					

売　掛　金　　　　2

日付		摘　要	仕丁	借　方	日付		摘　要	仕丁	貸　方
4	1	前 期 繰 越	✓	70,000	9	10	現　　　金	1	400,000
7	5	前 期 繰 越	1	400,000	3	31	次 期 繰 越	✓	70,000
				490,000					490,000
4	1	前 期 繰 越	✓	70,000					

備　品　　　　3

日付		摘　要	仕丁	借　方	日付		摘　要	仕丁	貸　方
4	1	前 期 繰 越	✓	40,000	3	31	次 期 繰 越	✓	40,000
4	1	前 期 繰 越	✓	40,000					

減価償却累計額　　　　4

日付		摘　要	仕丁	借　方	日付		摘　要	仕丁	貸　方
3	31	次 期 繰 越	✓	10,000	3	31	減 価 償 却 費	1	10,000
					4	1	前 期 繰 越	✓	10,000

買　掛　金　　　　11

日付		摘　要	仕丁	借　方	日付		摘　要	仕丁	貸　方
11	22	現　　　金	1	300,000	4	1	前 期 繰 越	✓	60,000
3	31	次 期 繰 越	✓	60,000	2		仕　　　入	1	300,000
				360,000					360,000
					4	1	前 期 繰 越	✓	60,000

資　本　金　　　　21

日付		摘　要	仕丁	借　方	日付		摘　要	仕丁	貸　方
3	31	次 期 繰 越	✓	100,000	4	1	前 期 繰 越	✓	100,000
					4	1	前 期 繰 越	✓	100,000

繰越利益剰余金 21

日付		摘要	仕丁	借方	日付		摘要	仕丁	貸方
3	31	次期繰越	✓	80,000	4	1	前期繰越	✓	30,000
					3	31	損益	2	50,000
				80,000					80,000
					4	1	前期繰越	✓	80,000

仕訳帳 3

日付		摘要	仕丁	借方	貸方
4	1	前期繰越	✓	250,000	250,000

　資産、負債および純資産の勘定の締め切りが終わったら、間違いなく締め切りができたかを確認するために、繰越試算表（残高試算表）を作成します。この試算表は、それぞれの勘定の残高を集計したもので、貸借合計が一致すれば、決算における締め切りの手続きが正しく行われたことが確認できます。

繰越試算表　（単位：円）

借方	元丁	勘定科目	貸方
140,000	1	現金	
70,000	2	売掛金	
40,000	3	備品	
	4	減価償却累計額	10,000
	11	買掛金	60,000
	21	資本金	100,000
	22	繰越利益剰余金	80,000
250,000		合計	250,000

　決算手続の最後は、貸借対照表と損益計算書の作成です。これについては Step 14 で詳しく説明します。貸借対照表は総勘定元帳の資産、負債および純資産勘定の残高あるいは繰越試算表の数値をもとに、損益計算書は総勘定元帳の収益および費用勘定の残高あるいは損益勘定の数値をもとに作成します。

貸借対照表

株式会社 CS 商事　　　　令和○年 3 月 31 日　　　　（単位：円）

資　産		金　額	負債および純資産	金　額
現　　　　金		140,000	買　　掛　　金	60,000
売　　掛　　金		70,000	資　　本　　金	100,000
備　　　　品	40,000		繰越利益剰余金	80,000
減価償却累計額	10,000	30,000		
		240,000		240,000

損 益 計 算 書

株式会社 CS 商事　　令和◇年 4 月 1 日から令和○年 3 月 31 日まで　　（単位：円）

費　用	金　額	収　益	金　額
売　上　原　価	310,000	売　　上　　高	450,000
給　　　　料	80,000		
減　価　償　却　費	10,000		
当　期　純　利　益	**50,000**		
	450,000		450,000

練 習 問 題

1　つぎの決算整理事項を仕訳帳に仕訳し、元帳に転記して、締切りなさい。決算日は 12 月 31 日である。

(決算整理事項)
① 期首商品棚卸高は 15,000 円、期末商品棚卸高は 10,000 円である。
② 売掛金期末残高に対して、4,000 円の貸倒れを見積もる。ただし、貸倒引当金期末残高は 3,000 円である。
③ 備品について、9,000 円の減価償却を間接法で行なう。

仕 訳 帳
21

令和○年		摘 要	元丁	借 方	貸 方
		:		:	:
				1,610,000	1,610,000

156

22

仕 訳 帳

令和○年	摘　要	元丁	借　方	貸　方

総 勘 定 元 帳

現 金　　1

借方合計 520,000	貸方合計 410,000

現 金　　2

借方合計 475,000	貸方合計 400,000

繰 越 商 品　　3

借方合計 15,000	

備 品　　4

借方合計 40,000	

買 掛 金　　5

借方合計 15,000	貸方合計 330,000

貸 倒 引 当 金　　6

	貸方合計 3,000

減価償却累計額　　　7

		貸方合計	17,000

資　本　金　　　8

		貸方合計	100,000

売　上　　　9

		貸方合計	450,000

仕　入　　　10

	借方合計	360,000	

貸倒引当金繰入　　　11

減価償却費　　　12

損　益　　　13

2 1の勘定記入の結果から、繰越試算表を作成しなさい。

繰越試算表
令和〇年12月31日　　（単位：円）

借　方	元丁	勘定科目	貸　方
	1	現　　　　　金	
	2	売　　掛　　金	
	3	繰　越　商　品	
	4	備　　　　　品	
	5	買　　掛　　金	
	6	貸　倒　引　当　金	
	7	減価償却累計額	
	8	資　　本　　金	
		合　　　　　計	

3 つぎの総勘定元帳の決算整理前の記入と決算整理事項により、必要な仕訳をし、総勘定元帳に転記して、締切り、繰越試算表を作成しなさい。決算日は12月31日である。

〔決算整理事項〕

① 期末商品棚卸高は12,000円である。

② 売掛金期末残高に対して、差額補充法で3%の貸倒れを見積もる。

③ 備品について、定額法で減価償却を行なう。
   　耐用年数　10年　　残存価額　取得原価の10%

④ 給料に5,000円の未払いがある。

総 勘 定 元 帳

現　　金	1
借方合計 550,000	貸方合計 410,000

売　掛　金	2
借方合計 585,000	貸方合計 485,000

貸倒引当金　　3

借方合計	2,000	貸方合計	3,000

繰越商品　　4

借方合計	10,000		

備　　品　　5

借方合計	100,000		

減価償却累計額　　6

		貸方合計	27,000

買　掛　金　　11

借方合計	460,000	貸方合計	548,000

未払給料　　12

借方合計	4,000	貸方合計	4,000

資　本　金　　21

		貸方合計	150,000

繰越利益剰余金　　22

		貸方合計	20,000

売　　上　　31

借方合計	3,000	貸方合計	700,000

受取手数料　　32

		貸方合計	4,000

仕　　入		41
借方合計　560,000	貸方合計　6,000	

給　　料		42
借方合計　87,000	貸方合計　4,000	

貸倒引当金繰入		43

減価償却費		44

損　　益		50

繰越試算表
令和○年12月31日

借　方	元丁	勘定科目	貸　方
		合　計	

Step 13 精算表
せいさんひょう

13-1 精算表とは
せいさんひょう

　決算では、試算表を作成し（Step 09）、決算整理（Step 10、11）をした後、帳簿を締切り（Step 12）、総勘定元帳などのデータをもとにして、貸借対照表と損益計算書を作成（Step 14）します。この決算手続を1枚の紙の上で概観するために、決算手続と平行して精算表を作成することがあります。**精算表**は、試算表から貸借対照表と損益計算書を作成する過程を一覧表にまとめたものです。

　精算表の基本的なしくみは、残高試算表が貸借対照表の勘定科目と損益計算書の勘定科目からできているので、それを貸借対照表と損益計算書に分けられるというものです。つぎのように図解できます。

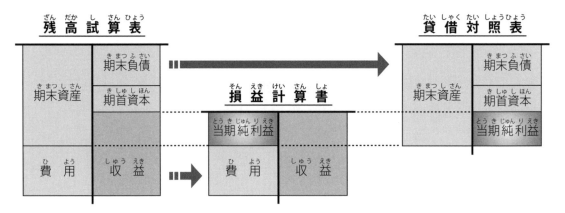

　精算表には、6桁精算表、8桁精算表、10桁精算表などの種類があります。6桁精算表は決算整理後の残高試算表を貸借対照表と損益計算書に分けるもので、金額欄が6つあるのでこのように呼ばれます。

	精 算 表					
勘定科目	残高試算表		損益計算書		貸借対照表	
	借方	貸方	借方	貸方	借方	貸方

6桁精算表

8桁精算表は決算整理前試算表、決算整理記入、損益計算書および貸借対照表の8つの金額欄を持つ精算表で、精算表上で決算整理をしながら貸借対照表と損益計算書を作成するので、決算手続を一覧することができます。

精 算 表

勘定科目	整理前残高試算表		整理記入		損益計算書		貸借対照表	
	借方	貸方	借方	貸方	借方	貸方	借方	貸方

8桁精算表

10桁精算表は8桁精算表に決算整理後残高試算表を加えて、10の金額欄を持つ精算表です。

精 算 表

勘定科目	整理前残高試算表		整理記入		整理後残高試算表		損益計算書		貸借対照表	
	借方	貸方	借方	貸方	借方	貸方	借方	貸方	借方	貸方

10桁精算表

13-2 精算表の作成

3級の検定試験では通常、8桁精算表の出題がされるので、8桁精算表について説明します。8桁精算表の作成手順は、つぎのとおりです。

① 残高試算表欄に決算整理前の総勘定元帳の各勘定の残高を記入し、締切ります。勘定科目は通常、上から、資産、負債、純資産、収益、費用の順に記入します。借方と貸方それぞれの合計が一致することを確認してからつぎに進みます。

② 決算整理事項を仕訳して、整理記入欄に記入します。スプレッドシートを記入する要領で、行（横）が勘定科目で、列（縦）が借方と貸方になります。該当する欄に金額を記入することで仕訳を記入したことになります。借方と貸方に同じ金額を記入しますので、借方列と貸方列のそれぞれの合計は一致します。確認してからつぎに進みます。

③ 資産、負債、純資産の各勘定の金額を貸借対照表欄に、収益、費用の各勘定の金額を損益計算書欄に記入します。このとき整理記入欄に記入がある勘定は、それらを残高試算表欄の金額に加減します。残高試算表と同じ側にある金額は加えて、逆側にある金額は差し引きます。残高試算表の借方に記入されている勘定は借方に、貸方に記入されている場合

は貸方に記入します。つまり、資産の勘定は貸借対照表の借方、負債と純資産の勘定は貸借対照表の貸方、収益の勘定は損益計算書の貸方、費用の勘定は損益計算書の借方に記入します。残高試算表にある勘定は順番に並んでいますが、決算整理で追加した勘定は順番がバラバラなので、注意して記入してください。

④ 貸借対照表欄と損益計算書欄の借方と貸方の合計額を計算し、その差額（当期純利益あるいは当期純損失）を計算します。そしてこの金額を合計額の少ない側に記入して、貸借合計額を一致させ、締切ります。当期純利益の場合、損益計算書借方と貸借対照表貸方に記入されます。当期純損失の場合はその逆になります。勘定科目欄の「当期純利益（当期純損失）」と損益計算書に記入する金額は正式には赤で記入（朱記）しますが、検定試験ではその必要はありません。

では、精算表（一部分）の記入の仕方を説明しましょう。売上原価の計算を考えてみます。まず、総勘定元帳の繰越商品勘定残高は 120,000 円、売上勘定残高は 960,000 円、仕入勘定残高は 580,000 円とし、期末商品棚卸高は 140,000 円であり、売上原価は仕入の行で計算するとします。

まず、整理前残高試算表の繰越商品勘定借方、売上勘定貸方、仕入勘定借方にそれぞれの整理前残高を記入します。繰越商品勘定残高 120,000 円は前期から繰り越されてきた期首商品棚卸高です。これらを記入するとつぎのようになります。この例では 3 つの勘定だけですが、すべての勘定を記入して、貸借合計を求めて一致することを確認します。

精 算 表

勘定科目	整理前残高試算表		整理記入		損益計算書		貸借対照表	
	借方	貸方	借方	貸方	借方	貸方	借方	貸方
:								
繰越商品	120,000							
:								
売上		960,000						
:								
仕入	580,000							

つぎに売上原価を求めるための決算整理仕訳をして、精算表の整理記入欄に記入します。仕訳はつぎのとおりです。

① （仕入） 120,000 （繰越商品） 120,000
② （繰越商品） 140,000 （仕入） 140,000

これらの仕訳を記入します。まず、①の仕訳の借方が仕入なので、仕入の行の、整理記入借方の列に 120,000 を記入します。つぎに貸方は繰越商品なので、繰越商品の行の、整理記入貸方の列に 120,000 を記入します。これで、①の仕訳を記入したことになります。同様に②も記入します。その結果、つぎのような記入になります。すべての決算整理仕訳の記入が終わったら、貸借合計を求めて一致することを確認します。

精　算　表

勘定科目	整理前残高試算表		整理記入		損益計算書		貸借対照表	
	借方	貸方	借方	貸方	借方	貸方	借方	貸方
┊								
繰越商品	120,000		② 140,000	① 120,000				
┊								
売　上		960,000						
┊								
仕　入	580,000		① 120,000	② 140,000				

　つぎに、整理前残高試算表の金額に整理記入の金額を加減して、資産、負債、純資産の科目は貸借対照表に、収益、費用の科目は損益計算書に金額を記入します。繰越商品は資産の勘定なので試算表には借方に記入されます。そこで、整理記入欄の借方はプラス、貸方はマイナスして結果を貸借対照表欄の借方に記入します。売上は収益の勘定（貸方の勘定）で、整理記入欄に記入がないので、そのまま損益計算書欄の貸方に記入します。仕入は費用の勘定（借方の勘定）なので、整理記入欄の借方はプラス、貸方はマイナスして結果を損益計算書欄の借方に記入します。資産は貸借対照表借方、負債と純資産は貸借対照表貸方、収益は損益計算書貸方、費用は損益計算書借方に記入されます。整理前残高試算表にある勘定は通常上から資産、負債、純資産、収益、費用の順番に記入されています。決算整理仕訳で追加した勘定科目は順番がバラバラなので、ひとつずつ確認して記入してください。

精　算　表

勘定科目	整理前残高試算表 借方	整理前残高試算表 貸方	整理記入 借方	整理記入 貸方	損益計算書 借方	損益計算書 貸方	貸借対照表 借方	貸借対照表 貸方
：			(＋)	(−)				
繰越商品	120,000		② 140,000	① 120,000			140,000	
：								
売　上		960,000				960,000		
：			(＋)	(−)				
仕　入	580,000		① 120,000	② 140,000	560,000			

memo

売上原価を求めるためには「仕繰繰仕」の仕訳を整理記入欄に行うのですが、記入すると右の図のように金額がクロスしていることが分かります。

そこで精算表を作成する場合には、このことを覚えておくといいでしょう。まず、試算表の繰越商品借方の期首棚卸高を整理記入貸方に記入し、対角線の整理記入借方の仕入に同じ金額を記入します。そして逆の対角線に期末棚卸高を記入することになります。

精　算　表

勘定科目	整理前残高試算表 借方	整理前残高試算表 貸方	整理記入 借方	整理記入 貸方	損益計算書 借方	損益計算書 貸方	貸借対照表 借方	貸借対照表 貸方
：								
繰越商品	120,000		140,000	120,000				
：								
売　上		960,000						
：								
仕　入	580,000		120,000	140,000				

精算表の記入の仕方を整理すると、つぎのようになります。

精算表

勘定科目	整理前残高試算表 借方	整理前残高試算表 貸方	整理記入 借方	整理記入 貸方	損益計算書 借方	損益計算書 貸方	貸借対照表 借方	貸借対照表 貸方
資 産	A		(＋) B	(−) C			A＋B−C	
負 債		D	(−) E	(＋) F				D−E＋F
純 資 産		G	(−) H	(＋) I				G−H＋I
収 益		イ	(−) ロ	(＋) ハ		イ−ロ＋ハ		
費 用	ニ		(＋) ホ	(−) ヘ	ニ＋ホ−ヘ			
合 計	◯◯◯	◯◯◯						
貸倒引当金繰入			◯◯		◯◯			
減価償却費			◯◯		◯◯			
前払費用			◯◯				◯◯	
前受収益				◯◯				◯◯
未払費用				◯◯				◯◯
未収収益			◯◯				◯◯	
貯蔵品			◯◯				◯◯	
当期純利益					◯◯			◯◯
合 計			◯◯◯	◯◯◯	◯◯◯	◯◯◯	◯◯◯	◯◯◯

● 整理前残高試算表は、上から、資産、負債、純資産、収益、費用の順に記入します。
● 資産の勘定は、整理記入借方はプラス、貸方はマイナスして、貸借対照表借方に記入します。
● 負債と純資産の勘定は、整理記入借方はマイナス、貸方はプラスして、貸借対照表貸方に記入します。
● 収益の勘定は、整理記入借方はマイナス、貸方はプラスして、損益計算書貸方に記入します。
● 費用の勘定は、整理記入借方はプラス、貸方はマイナスして、損益計算書借方に記入します。
● 整理記入で追加する勘定の貸倒引当金繰入と減価償却費は費用の勘定なので、整理記入

借方に記入した金額を損益計算書借方に記入します。

● 整理記入で追加する勘定の前払費用と未収収益と貯蔵品は資産の勘定なので、整理記入借方に記入した金額を貸借対照表借方に記入します。

● 整理記入で追加する勘定の未払費用と前受収益は負債の勘定なので、整理記入貸方に記入した金額を貸借対照表貸方に記入します。

● 当期純利益は、損益計算書と貸借対照表、それぞれの貸借合計の差額として計算します。損益計算書では借方、貸借対照表では貸方に記入します。当期純損失は逆になります。

　それでは、精算表作成の練習をしてみましょう。つぎの〔決算整理事項等〕をもとにして、精算表を完成させてください。なお、会計期間は x1 年 4 月 1 日から x2 年 3 月 31 日までの 1 年間です。

〔決算整理事項等〕

1. 普通預金口座に売掛金 33,000 円が振り込まれたが、未記帳である。
2. 受取手形、売掛金の期末残高に対して、3%の貸倒引当金を差額補充法で見積もる。
3. 期末商品棚卸高は 210,000 円である。売上原価は「売上原価」の行で計算する。
4. 建物および備品について定額法で減価償却を行う。

	残存価額	取得原価	耐用年数
建物	残存価額	取得原価の 10%	耐用年数 30 年
備品	残存価額	ゼロ	耐用年数 10 年

5. 保険料のうち 60,000 円は 12 月 1 日に向こう 1 年分を支払ったものであり、未経過分を月割で繰り延べる。
6. 2 月 1 日に、2 月から翌期 4 月までの 3 か月分の家賃 36,000 円を受け取り、その全額を受取家賃勘定として処理した。したがって、前受分を月額で繰り延べる。
7. 利息の未収分が 8,000 円ある。
8. 支払利息のうち、5,000 円は前払いである。

以上の決算整理事項等の取引を仕訳すると、つぎのようになります。

1	（普通預金）	33,000	（売掛金）	33,000
2	（貸倒引当金繰入）	13,000	（貸倒引当金）	13,000

※ (300,000 円 + 233,000 円 − 33,000 円) × 3% − 2,000 円 = 13,000 円

3	（売上原価）	230,000	（繰越商品）	230,000
	（繰越商品）	210,000	（売上原価）	210,000
	（売上原価）	1,450,000	（仕入）	1,450,000

4	（減価償却費）	43,000	（建物減価償却累計額）	18,000
			（備品減価償却累計額）	25,000

※ (600,000 円 − 600,000 円 × 10%) ÷ 30 年 = 18,000 円
250,000 円 ÷ 10 年 = 25,000 円

5	（前払保険料）	40,000	（保　険　料）	40,000

※ 60,000 円 ÷ 12 か月 × 8 か月 = 25,000 円

6	（受取家賃）	12,000	（前受家賃）	12,000

※ 36,000 円 ÷ 3 か月 × 1 か月 = 12,000 円

7	（未収利息）	8,000	（受取利息）	8,000
8	（前払利息）	5,000	（支払利息）	5,000

　決算整理前の残高試算表はすでに記入済みなので、以上の仕訳を精算表の整理記入欄に記入して、これらの整理仕訳を加味して、貸借対照表と損益計算書の金額を記入していきます。当期純利益は貸借合計の差額として計算して、記入して、損益計算書と貸借対照表の貸借合計を一致させて完成です。

精算表

勘定科目	残高試算表 借方	残高試算表 貸方	整理記入 借方	整理記入 貸方	損益計算書 借方	損益計算書 貸方	貸借対照表 借方	貸借対照表 貸方
現　　　　　金	640,000						640,000	
普 通 預 金	287,000		33,000				320,000	
受 取 手 形	300,000						300,000	
売 掛 金	233,000			33,000			200,000	
繰 越 商 品	230,000		210,000	230,000			210,000	
貸 付 金	200,000						200,000	
建　　　　　物	600,000						600,000	
備　　　　　品	250,000						250,000	
土　　　　　地	350,000						350,000	
支 払 手 形		270,000						270,000
買 掛 金		354,000						354,000
借 入 金		150,000						150,000
貸 倒 引 当 金		2,000		13,000				15,000
建物減価償却累計額		234,000		18,000				252,000
備品減価償却累計額		100,000		25,000				125,000
資 本 金		1,500,000						1,500,000
繰越利益剰余金		250,000						250,000
売　　　　　上		1,794,000				1,794,000		
受 取 家 賃		156,000	12,000			144,000		
仕　　　　　入	1,450,000			1,450,000				
給　　　　　料	180,000				180,000			
保 険 料	80,000			40,000	40,000			
支 払 利 息	10,000			5,000	5,000			
合　　　　　計	4,810,000	4,810,000						
貸倒引当金繰入			13,000		13,000			
売 上 原 価			230,000	210,000	1,470,000			
			1,450,000					
減 価 償 却 費			43,000		43,000			
前 払 保 険 料			40,000				40,000	
前 受 家 賃				12,000				12,000
受 取 利 息				8,000		8,000		
未 収 利 息			8,000				8,000	
前 払 利 息			5,000				5,000	
当 期 純 利 益					195,000			195,000
合　　　　　計			2,044,000	2,044,000	1,946,000	1,946,000	3,123,000	3,123,000

〔解答欄〕

精 算 表

勘 定 科 目	残高試算表 借方	残高試算表 貸方	整理記入 借方	整理記入 貸方	損益計算書 借方	損益計算書 貸方	貸借対照表 借方	貸借対照表 貸方
現 金	640,000							
普 通 預 金	287,000							
受 取 手 形	300,000							
売 掛 金	233,000							
繰 越 商 品	230,000							
貸 付 金	200,000							
建 物	600,000							
備 品	250,000							
土 地	350,000							
支 払 手 形		270,000						
買 掛 金		354,000						
借 入 金		150,000						
貸 倒 引 当 金		2,000						
建物減価償却累計額		234,000						
備品減価償却累計額		100,000						
資 本 金		1,500,000						
繰越利益剰余金		250,000						
売 上		1,794,000						
受 取 家 賃		156,000						
仕 入	1,450,000							
給 料	180,000							
保 険 料	80,000							
支 払 利 息	10,000							
合 計	4,810,000	4,810,000						
貸倒引当金繰入								
売 上 原 価								
減 価 償 却 費								
前 払 保 険 料								
前 受 家 賃								
受 取 利 息								
未 収 利 息								
前 払 利 息								
当 期 純 利 益								
合 計								

1 つぎの〔決算整理事項等〕にもとづいて、精算表を完成させなさい。会計期間は x3 年 4 月 1 日から x4 年 3 月 31 日までの 1 年間である。

〔決算整理事項等〕

1. 売掛金 18,000 円が普通預金口座に振り込まれていたが、この記帳がまだ行われていない。

2. 仮払金は全額 2 月 26 日に支払った備品購入に係るものである。この備品は 3 月 1 日に納品され、同日から使用しているが、この記帳がまだ行われていない。

3. 現金過不足の原因を調査したところ、通信費 300 円の記帳漏れが判明したが、残額は原因不明のため雑損または雑益で処理する。

4. 当座預金勘定の貸方残高全額を当座借越勘定に振り替える。なお、当社は取引銀行との間に 100,000 円を借越限度額とする当座借越契約を締結している。

5. 売掛金の期末残高に対して 2% の貸倒引当金を差額補充法で設定する。

6. 期末商品棚卸高は 45,800 円である。売上原価は「仕入」の行で計算する。

7. 建物および備品について、以下の要領で定額法による減価償却を行う。3 月 1 日から使用している備品（上記 1. 参照）についても同様に減価償却を行うが、減価償却費は月割計算する。

    建物　　残存価額ゼロ　　耐用年数 30 年
    備品　　残存価額ゼロ　　耐用年数 5 年

8. 借入金のうち 180,000 円は、期間 1 年間、利率年 3%、利息は元本返済時に 1 年分を支払う条件で、11 月 1 日に借り入れたものである。したがって、当期にすでに発生している利息を月割で計算する。

9. 保険料の前払分 6,000 円を計上する。

勘　定　科　目	残高試算表 借方	残高試算表 貸方	整理記入 借方	整理記入 貸方	損益計算書 借方	損益計算書 貸方	貸借対照表 借方	貸借対照表 貸方
現　　　金	60,800							
現 金 過 不 足	400							
普 通 預 金	154,000							
当 座 預 金		46,800						
売 　掛 　金	138,000							
仮 　払 　金	48,000							
繰 越 商 品	51,900							
建　　　物	420,000							
備　　　品	60,000							
土　　　地	350,000							
買 　掛 　金		83,600						
借 　入 　金		290,000						
貸 倒 引 当 金		700						
建物減価償却累計額		192,000						
備品減価償却累計額		36,000						
資 　本 　金		400,000						
繰越利益剰余金		96,300						
売　　　上		876,000						
仕 　　　入	541,000							
給 　　　料	180,000							
通 　信 　費	2,800							
旅 費 交 通 費	9,500							
保 　険 　料	21,000							
支 払 利 息	4,000							
合 　　　計	2,021,400	2,021,400						
雑 （　　　）								
当 座 借 越								
貸倒引当金繰入								
減 価 償 却 費								
（　　　） 利 息								
前 払 保 険 料								
当 期 純 利 益								
合 　　　計								

2 つぎの〔決算整理事項等〕にもとづいて、精算表を完成させなさい。会計期間は x3 年 4 月 1 日から x4 年 3 月 31 日までの 1 年間である。

〔決算整理事項等〕

1. 当期に仕入れていた商品 8,000 円を決算日前に返品し、同額を掛代金から差し引くこととしたが、この取引が未記帳であった。

2. 小口現金係からつぎのとおり小口現金を使用したことが報告され、この報告にもとづく補給も普通預金から完了しているが、未記帳であった。

   文房具　　　300 円（使用済み）　　　電車賃　　　450 円

3. 残高試算表欄の土地の半額分は売却済みであったが、代金 130,000 円を仮受金としたのみであるため、適切に修正する。

4. 残高試算表欄の保険料のうち 24,000 円は当期の 5 月 1 日に向こう 1 年分として支払ったものであるが、11 月中に解約した。保険会社から 12 月 1 日以降の保険料が月割で返金される旨の連絡があったため、この分を未収入金へ振り替える。

5. 受取手形および売掛金の期末残高に対して 2％の貸倒引当金を差額補充法で設定する。

6. 期末商品棚卸高は 38,000 円（1. の返品控除後）である。売上原価は「仕入」の行で計算するが、期末商品棚卸高については返品控除後の金額を用いる。

7. 建物および備品について、つぎのとおり定額法による減価償却を行う

   建物　　　　残存価額は取得原価の 10％　　　耐用年数 30 年
   備品　　　　残存価額ゼロ　　　　　　　　　　耐用年数 5 年

8. 給料の未払分が 6,500 円ある。

9. 借入金は当期の 12 月 1 日に借入期間 1 年、利率年 4.5％で借り入れたものであり、借入時に 1 年分の利息が差し引かれた金額を受け取っている。そこで、利息の前払分を月額により計上する。

精 算 表

勘　定　科　目	残高試算表 借方	残高試算表 貸方	整理記入 借方	整理記入 貸方	損益計算書 借方	損益計算書 貸方	貸借対照表 借方	貸借対照表 貸方
現　　　　　金	28,000							
小 口 現 金	1,500							
普 通 預 金	32,000							
受 取 手 形	42,000							
売 掛 金	30,000							
繰 越 商 品	43,000							
建　　　　　物	100,000							
備　　　　　品	80,000							
土　　　　　地	240,000							
買 掛 金		58,000						
借 入 金		100,000						
仮 受 金		130,000						
貸 倒 引 当 金		1,000						
建物減価償却累計額		66,000						
備品減価償却累計額		16,000						
資 本 金		100,000						
繰越利益剰余金		27,000						
売　　　　　上		660,000						
仕　　　　　入	423,000							
給　　　　　料	60,000							
旅 費 交 通 費	8,000							
支 払 家 賃	18,000							
保 険 料	40,000							
消 耗 品 費	8,000							
支 払 利 息	4,500							
合　　　　　計	1,158,000	1,158,000						
固定資産売却（　　）								
貸倒引当金繰入								
減 価 償 却 費								
未 収 入 金								
（　　）給 料								
（　　）利 息								
当 期 純 利 益								
合　　　　　計								

Step 14

貸借対照表、損益計算書の作成

14-1 貸借対照表 作成上の注意

　貸借対照表は一定時点（通常は会計期末：決算日）における財政状態を明らかにするために、資産、負債および純資産を表示する報告書です。借方に資産、貸方に負債と純資産を上から順に表示します。資産と負債の中での表示順は流動性配列法といって、流動性の高いものから順番に表示することになっています。資産なら換金性が高い順番、負債なら返済期間が短い順番に表示します。資産では流動性の高い資産を流動資産、低い資産を固定資産といい、負債では流動性の高い負債を流動負債、低い負債を固定負債といいます。純資産は3級の場合、株式会社では資本金と繰越利益準備金、個人企業では資本金を表示します。ただし個人企業の場合、期末の資本金を期首の資本金と当期純利益に分けて表示します。株式会社の場合は、当期純利益は繰越利益準備金に加えて表示します。

　Step 13 の練習で作成した精算表（170 ページ）から貸借対照表を作成してみましょう。つぎのようになります。ここで示した貸借対照表は勘定式といって、総勘定元帳の勘定のように、T勘定の借方に資産、貸方に負債と純資産を対比した表示する方法です。3級ではこの書式が出題されます。

貸借対照表

CS 商事		x2 年 3 月 31 日			（単位：円）
現　　　　金		640,000	支 払 手 形		270,000
普 通 預 金		320,000	買 掛 金		354,000
受 取 手 形	300,000		借 入 金		150,000
売 掛 金	200,000		前 受 収 益		12,000
貸 倒 引 当 金	15,000	485,000	資 本 金		1,500,000
商　　　品		210,000	繰越利益剰余金		445,000
貸 付 金		200,000			
前 払 費 用		45,000			
未 収 収 益		8,000			
建　　　物	600,000				
減価償却累計額	252,000	348,000			
備　　　品	250,000				
減価償却累計額	125,000	125,000			
土　　　地		350,000			
		2,731,000			2,731,000

貸借対照表作成上の注意点を挙げていきます。

① 貸借対照表の上に左から、「会社名」、「貸借対照表日（通常、決算日）」、「単位」を記入します。

② 「貸倒引当金」を設定する場合、「貸倒引当金」は「受取手形」と「売掛金」から控除するかたちで表示します。上記のようにまとめて控除する方法とそれぞれから控除する方法があります。

③ 「商品」は総勘定元帳では繰越商品勘定ですが、貸借対照表では［商品］を表示します。

④ 「前払費用」、「未収収益」、「未払費用」、「前受収益」は、総勘定元帳上の前払保険料、前払利息、未収利息ではなく、まとめて表示します。

⑤ 「減価償却累計額」は貸倒引当金のように、「建物」と「備品」から控除するかたちで表示します。この場合も、上記のようにそれぞれから控除する方法とまとめて控除する方法があります。

⑥　当期純利益は、個人企業の場合は「当期純利益」として表示しますが、株式会社の場合には「繰越利益剰余金」としてこの勘定の期末残高に加えて表示します。

14-2 損益計算書作成上の注意

　損益計算書は一定会計期間における経営成績を明らかにするために、収益と費用を表示する報告書です。借方に費用、貸方に収益を表示します。収益と費用の中での表示順は営業活動（商品売買）に関連が深いものから順番に表示することになっています。

　貸借対照表と同じように Step 13 の練習で作成した精算表（170 ページ）から損益計算書を作成してみましょう。つぎのようになります。貸借対照表と同様に 3 級では勘定式の書式が出題されます。

損 益 計 算 書

CS 商事　　　　　　　　x1 年 4 月 1 日から x2 年 3 月 31 日まで　　　　　　（単位：円）

売 上 原 価	1,470,000	売 上 高	1,794,000
給 料	180,000	受 取 家 賃	144,000
保 険 料	40,000	受 取 利 息	8,000
貸 倒 引 当 金 繰 入	13,000		
減 価 償 却 費	43,000		
支 払 利 息	5,000		
当 期 純 利 益	**195,000**		
	1,946,000		1,946,000

損益計算書作成上の注意点を挙げていきます。

① 損益計算書の上に左から、「会社名」、「会計期間」、「単位」を記入します。

② 貸方には収益を表示しますが、営業活動（商品売買）に関連が深いものから順番に記入していきます。最初に「売上高」を記入します。総勘定元帳では売上勘定ですが、その残高（純売上高）を「売上高」として記入します。「売上高」の下には商品売買に関連が深い収益から順に記入します。

③ 借方には費用を表示しますが、収益と同様に順番に記入します。最初に「売上原価」を記入します。これは決算整理後の総勘定元帳の仕入勘定あるいは売上原価勘定の残高です。あとは収益と同様に商品売買に関連が深い費用から順に記入していきます。

決算整理前残高試算表から決算整理をして、貸借対照表と損益計算書を作成する練習をしてみましょう。まず、決算整理前残高試算表はつぎのとおりとします。

決算整理前残高試算表

借方	勘定科目	貸方
310,000	現　　　　　金	
550,000	普　通　預　金	
860,000	売　　掛　　金	
649,000	仮　払　消　費　税	
440,000	繰　越　商　品	
2,640,000	建　　　　　物	
800,000	備　　　　　品	
2,000,000	土　　　　　地	
	買　　掛　　金	730,000
	借　　入　　金	1,200,000
	仮　　受　　金	99,560
	仮　受　消　費　税	1,050,000
	所　得　税　預　り　金	18,000
	貸　倒　引　当　金	13,000
	建物減価償却累計額	330,000
	備品減価償却累計額	499,999
	資　　本　　金	3,000,000
	繰　越　利　益　剰　余　金	248,441
	売　　　　　上	10,500,000
6,490,000	仕　　　　　入	
2,200,000	給　　　　　料	
200,000	法　定　福　利　費	
56,000	支　払　手　数　料	
144,000	租　税　公　課	
100,000	支　払　利　息	
250,000	そ　の　他　費　用	
17,689,000		17,689,000

決算整理事項等はつぎのとおりとし、会計期間は x1 年 4 月 1 日から x2 年 3 月 31 日までの 1 年間とします。

〔決算整理事項等〕

1. 仮受金は、得意先からの売掛金 100,000 円の振り込みであることが判明した。なお、振込額と売掛金の差額は当社負担の振込手数料（問題の便宜上、この振込手数料には消費税が課されないものとする）であり、入金時に振込額を仮受金として処理したのみである。
2. 売掛金の期末残高に対して貸倒引当金を差額補充法により 3% 設定する。
3. 期末商品棚卸高は 396,000 円である。
4. 有形固定資産について、つぎの要領で定額法により減価償却を行う。

     建物：　　　耐用年数 24 年　　　残存価額ゼロ

     備品：　　　耐用年数 4 年　　　残存価額ゼロ

     なお、決算整理前残高試算表の備品 800,000 円のうち 200,000 円は昨年度にすでに耐用年数をむかえて減価償却を終了している。そこで、今年度は備品に関して残りの 600,000 円についてのみ減価償却を行う。
5. 消費税の処理（税抜方式）を行う。
6. 社会保険料の当社負担分 15,000 円を未払計上する。
7. 借入金は当期の 11 月 1 日の期間 1 年、利率年 4% で借り入れたものであり、借入時にすべての利息が差し引かれた金額を受け取っている。そこで利息について月割りにより適切に処理する。
8. 未払法人税等 350,000 円を計上する。なお、当期に中間納付はしていない。

解き方は精算表と同じです。まず決算整理事項等を仕訳します。

1. （仮 受 金） 99,560 （売 掛 金） 100,000
   （支 払 手 数 料） 440

2. （貸倒引当金繰入） 9,800 （貸 倒 引 当 金） 9,800
   ※ (860,000 円 − 100,000 円) × 3% − 13,000 円 = 9,800 円

3. （仕 入） 440,000 （繰 越 商 品） 440,000
   （繰 越 商 品） 396,000 （仕 入） 396,000

4. （減 価 償 却 費） 260,000 （建物減価償却累計額） 110,000
   　　　　　　　　　　　　　　 （備品減価償却累計額） 150,000

   ※建物 2,640,000 円 ÷ 24 年 = 110,000 円
   　備品 600,000 円 ÷ 4 年 = 150,000 円

5. （仮 受 消 費 税） 1,050,000 （仮 払 消 費 税） 649,000
   　　　　　　　　　　　　　　 （未 払 消 費 税） 401,000

6. （法 定 福 利 費） 15,000 （未 払 法 定 福 利 費） 15,000

7. （前 払 利 息） 28,000 （支 払 利 息） 28,000
   ※ 1,200,000 円 × 4% ÷ 12 か月 × 7 か月 = 28,000 円

8. （法 人 税 等） 350,000 （未 払 法 人 税 等） 350,000

　この仕訳を決算整理前残高試算表の各勘定残高に加減して、貸借対照表と損益計算書を作成します。

貸借対照表

CS 商事　　　　　　　　　　　　　　x2 年 3 月 31 日　　　　　　　　　　（単位：円）

現　　　　　金		310,000	買　掛　金	730,000
普　通　預　金		550,000	未　払　消　費　税	401,000
売　　掛　　金	760,000		未　払　法　人　税　等	350.000
貸　倒　引　当　金	22,800	737,200	未　払　費　用	15,000
商　　　　品		396,000	借　入　金	1,200,000
前　払　費　用		28,000	所　得　税　預　り　金	18,000
建　　　　物	2,640,000		資　本　金	3,000,000
減価償却累計額	440,000	2,200,000	繰越利益剰余金	657,201
備　　　　品	800,000			
減価償却累計額	649,999	150,001		
土　　　　地		2,000,000		
		6,371,201		6,371,201

損益計算書

CS 商事　　　　　x1 年 4 月 1 日から x2 年 3 月 31 日まで　　　　（単位：円）

売　上　原　価	6,534,000	売　上　高	10,500,000
給　　　　料	2,200,000		
法　定　福　利　費	215,000		
支　払　手　数　料	56,440		
租　税　公　課	144,000		
貸　倒　引　当　金　繰　入	9,800		
減　価　償　却　費	260,000		
支　払　利　息	72,000		
そ　の　他　費　用	250,000		
法　人　税　等	350,000		
当　期　純　利　益	**408,760**		
	10,500,000		10,500,000

練習問題

1 つぎの決算整理前残高試算表および決算整理事項等にもとづき、貸借対照表と損益計算書を作成しなさい。なお、会計期間は x2 年 4 月 1 日から x3 年 3 月 31 日までの 1 年間である。

〔決算整理前残高試算表〕

残高試算表 （単位：円）

借方科目	金額	貸方科目	金額
現　　　　　金	74,000	買　　掛　　金	60,000
当　座　預　金	95,000	貸　倒　引　当　金	500
売　　掛　　金	84,000	備品減価償却累計額	45,000
繰　越　商　品	40,000	資　　本　　金	300,000
仮　　払　　金	11,000	繰越利益剰余金	192,300
貸　　付　　金	150,000	売　　　　上	696,000
備　　　　品	150,000	受　取　利　息	200
仕　　　　入	550,000		
給　　　　料	62,000		
旅　費　交　通　費	30,000		
支　払　家　賃	42,000		
租　税　公　課	6,000		
合　　　　計	1,294,000	合　　　　計	1,294,000

〔決算整理事項等〕

1. 仮払金の残高は、収入印紙の購入にあてたものであることが判明した．なお、この印紙は当期末までにすべて使用済みである。

2. 売掛金のうち 14,000 円はすでに当社の当座預金口座に振り込まれていたことが判明した。

3. 期末商品の棚卸高は 45,000 円であった。

4. 備品について定額法により減価償却を行う。なお、耐用年数は 5 年、残存価額はゼロである。

5. 期末の売掛金残高に対して 2%の貸倒引当金を差額補充法により設定する。

6. 貸付金は当期の 2 月 1 日に期間 6 か月、利率年 5%の条件で貸し付けたものである。なお利息は元本返済時に一括して受け取ることになっているが、月割りにより当期分を計上

する。

7. 支払家賃のうち 6,000 円は来期の 4 月分の家賃である。

8. 給料の未払額が 8,000 円ある。

貸借対照表

CS 商事　　　　　　　　（　　　　　　　　　　　）　　　　（単位：円）

現　　　　　金		買　　掛　　金	
当　座　預　金		（　　）費　用	
売　　掛　　金		資　　本　　金	
貸　倒　引　当　金		繰越利益剰余金	
繰　越　商　品			
（　　）収　益			
（　　）費　用			
貸　　付　　金			
備　　　　　品			
減価償却累計額			

損益計算書

CS 商事　　　　　　　　（　　　　　　　　　　　）　　　　（単位：円）

（　　　　　　　）		売　　上　　高	
給　　　　　料		受　取　利　息	
旅　費　交　通　費		当　期　純（　　　）	
支　払　家　賃			
租　税　公　課			
（　　　　　　　）			
貸倒引当金繰入			

2 つぎの決算整理前残高試算表および決算整理事項等にもとづき、貸借対照表と損益計算書を作成しなさい。なお、会計期間は x2 年 4 月 1 日から x3 年 3 月 31 日までの 1 年間である。

〔決算整理前残高試算表〕

残 高 試 算 表 　　　　（単位：円）

借方科目	金額	貸方科目	金額
現　　　　　金	135,000	支 払 手 形	393,000
当 座 預 金	658,000	買 掛 金	505,000
受 取 手 形	430,000	仮 受 金	47,000
売 掛 金	467,000	貸 倒 引 当 金	7,000
繰 越 商 品	258,000	備品減価償却累計額	200,000
貸 付 金	400,000	資 本 金	1,000,000
備　　　　　品	500,000	繰越利益剰余金	395,000
仕　　　　　入	2,940,000	売　　　　　上	4,002,000
給　　　　　料	431,000	受 取 手 数 料	21,000
支 払 家 賃	280,000		
通 信 費	55,000		
水 道 光 熱 費	16,000		
合　　　　　計	6,570,000	合　　　　　計	6,570,000

〔決算整理事項等〕

1. 現金の手許在高は 139,000 円である。なお、過不足の原因は不明であるため、適切な処理を行う。
2. 仮受金は、全額得意先に対する売掛金の回収額であることが判明した。
3. 受取手形及び売掛金の期末残高に対して、3％の貸倒れを見積もる。貸倒引当金の設定は差額補充法による。
4. 期末商品棚卸高は 285,000 円である。
5. 購入時に費用処理した郵便切手の未使用高が 5,000 円あるため、貯蔵品へ振り替える。
6. 備品について、残存価額をゼロ、耐用年数を 5 年とする定額法により減価償却を行う。なお、備品のうち 100,000 円は x3 年 1 月 1 日に取得したものであり、同様の条件で減価償却費を月割りにより計算する。
7. 支払家賃のうち 90,000 円は来期分の家賃である。

8. 貸付金は x2 年 12 月 1 日に貸付期間 1 年、年利率 3.6％で貸し付けたもので、利息は元金とともに返済時に受け取ることになっている。なお利息の計算は月割りによる。

9. 手数料の前受分が 3,000 円ある。

貸 借 対 照 表

CS 商事　　　　　　　　　（　　　　　　　　　　　　　　）　　　　　　（単位：円）

現　　　　　　　金		支 払 手 形	
当 座 預 金		買 掛 金	
受 取 手 形		（　　　　）収 益	
売 掛 金		資 本 金	
貸 倒 引 当 金		（　　　　）	
繰 越 商 品			
貯 蔵 品			
（　　　）収 益			
（　　　）費 用			
貸 付 金			
備 品			
減 価 償 却 累 計 額			

損 益 計 算 書

CS 商事　　　　　　　　　（　　　　　　　　　　　　　　）　　　　　　（単位：円）

売 上 原 価		売 上 高	
給 料		受 取 手 数 料	
支 払 家 賃		（　　　　　　）	
通 信 費		受 取 利 息	
水 道 光 熱 費			
減 価 償 却 費			
貸 倒 引 当 金 繰 入			
当 期 純（　　　）			

■第1問（45点）
だい もん てん

下記の各取引について仕訳しなさい。ただし、勘定科目は、各取引の下の勘定科目から最も適当と思われるものを選び、記号で解答すること。

1.　決算日に売上勘定の貸方残高 1,000,000 円と受取手数料勘定の貸方残高 250,000 円を損益勘定に振り替えた。

　　ア. 現金　　イ. 資本金　　ウ. 売上　　エ. 受取手数料　　オ. 仕入　　カ. 損益

2.　事務用のパソコンを購入し、セッティング作業が終わって、次の請求書を受け取り、代金は後日支払うことにした。

　　ア. 仕入　　イ. 備品　　ウ. 発送費　　エ. 買掛金　　オ. 未払金

　　カ. 支払手数料

請 求 書
せい きゅう しょ

CS 商事㈱　御 中
しょうじ　おんちゅう

新宿商会㈱
しんじゅくしょうかい

品名	数量	単価	金額
パソコン一式	1	300,000 円	300,000 円
配送料			5,000 円
据付費			15,000 円
		合計	320,000 円

x5 年 10 月 31 日までに合計金額を下記口座へお振り込みください。

原宿銀行原宿支店　普通　7654321　シンジュクショウカイ（カ

3. 水道料金と電気料金あわせて 40,000 円が普通預金より引き落とされた。
   ア. 普通預金　　イ. 当座預金　　ウ. 通信費　　エ. 水道光熱費　　オ. 雑費
   カ. 租税公課

4. 出張中の従業員から、当座預金口座へ 800,000 円の振込みがあったが、その詳細は不明である。
   ア. 現金　　イ. 当座預金　　ウ. 普通預金　　エ. 未収入金　　オ. 前受金
   カ. 仮受金

5. 決算において、仮受消費税勘定残高 700,000 円、仮払消費税勘定残高 600,000 円であったので、納付すべき消費税を計上した。なお、消費税は税抜方式で記帳している。
   ア. 仮払消費税　　イ. 未収消費税　　ウ. 仮受消費税　　エ. 未払消費税
   オ. 未払法人税等　　カ. 租税公課

6. 仕入先大森商店に対する買掛金 300,000 円の決済として、同社あての約束手形を振り出した。
   ア. 現金　　イ. 当座預金　　ウ. 受取手形　　エ. 手形借入金　　オ. 買掛金
   カ. 支払手形

7. 不用になった備品（取得原価 700,000 円、減価償却累計額 612,500 円、間接法で記帳）を 33,000 円で売却し、売却代金は現金で受け取った。
   ア. 現金　　イ. 備品　　ウ. 備品減価償却累計額　　エ. 減価償却費
   オ. 固定資産売却益　　カ. 固定資産売却損

8. 得意先品川商店へ商品 600,000 円を販売した。掛代金は翌月末回収の契約になっている。
   ア. 現金　　イ. 売掛金　　ウ. 未収入金　　エ. 買掛金　　オ. 売上　　カ. 仕入

9. 電子記録債権 100,000 円が決済され、普通預金口座に振り込まれた。
   ア. 当座預金　　イ. 普通預金　　ウ. 売掛金　　エ. 電子記録債権
   オ. 未収入金　　カ. 電子記録債務

10. 決算整理後の収益、費用（法人税等の計上額を含む）を損益勘定に振り替えた結果、当期純損失が 70,000 円であった。
    ア. 未収法人税等　　イ. 仮払法人税等　　ウ. 利益準備金　　エ. 繰越利益剰余金
    オ. 雑損　　カ. 損益

11. 商品 500,000 円を掛けで仕入れ、当社負担の引取運賃 20,000 円を現金で支払った。
　　ア．現金　　イ．売掛金　　ウ．買掛金　　エ．売上　　オ．仕入　　カ．発送費

12. 掛け代金 630,000 円の請求書を得意先へ送付し、郵便料金 420 円を現金で支払った。
　　ア．現金　　イ．売掛金　　ウ．買掛金　　エ．売上　　オ．租税公課　　カ．通信費

13. 電子記録債務 300,000 円が決済され、当座預金口座から支払われた。
　　ア．当座預金　　イ．売掛金　　ウ．電子記録債権　　エ．買掛金　　オ．未払金
　　カ．電子記録債務

14. 営業部の従業員が業務に使用している携帯電話の電話料金 25,000 円が、普通預金口
　　座から引き落とされた。
　　ア．現金　　イ．普通預金　　ウ．当座預金　　エ．未払金　　オ．通信費
　　カ．旅費交通費

15. 商品 500,000 円を販売し、送料 15,000 円を加えた合計額を掛けとした。また、同時に
　　配送業者へ商品を引き渡し、送料 15,000 円を現金で支払った。
　　ア．現金　　イ．売掛金　　ウ．買掛金　　エ．売上　　オ．仕入　　カ．発送費

■第2問（20点）

(1) 次の取引について, それぞれの日付の取引が、答案用紙に示したどの補助簿に記入される
か、該当する補助簿の欄に○印を付して答えなさい。

5月 7日　　新宿商店から商品 200,000 円を仕入れ、代金は掛けとした。
　　11日　　新橋商店に商品 700,000 円（原価 500,000 円）を販売し、代金のうち 400,000
　　　　　　円は同店振出しの約束手形で受け取り、残額は掛けとした。
　　19日　　原宿商店に対する買掛金 300,000 円を、約束手形を振り出して支払った。
　　25日　　田町商店に対する掛代金 150,000 円が当座預金口座に振り込まれたと、取引
　　　　　　銀行から連絡があった。
　　31日　　原宿商店宛ての約束手形 100,000 円が満期となり、当座預金口座から引き落
　　　　　　とされた。

(2) 次の池袋商店における各取引の伝票記入について、空欄（①）～（⑤）に当てはまる適切な勘定科目または金額を答えなさい。なお、勘定科目については、［語群］の中から適当な記号を選択し、商品売買取引の処理は3分法によること。

［語群］　ア. 受取手形　　イ. 支払手形　　ウ. 売上　　エ. 仕入　　オ. 現金
　　　　　カ. 旅費交通費　　キ. 仮払金　　ク. 記入なし

1. 大宮商店へ商品 500,000 円を販売し、代金のうち 200,000 円は同店振出しの約束手形で受け取り、残額は同店振出しの小切手で受け取った。

入金伝票				振替伝票			
科　目		金　額		借方科目	金　額	貸方科目	金　額
（　　　）		（　①　）		（　②　）	200,000	（　③　）	200,000

2. 従業員の出張に際して、旅費交通費の概算分 25,000 円を現金で渡していた。本日その従業員が帰社し、3,000 円の返金を受けた。

入金伝票				振替伝票			
科　目		金　額		借方科目	金　額	貸方科目	金　額
（　④　）		（　　　）		（　⑤　）	22,000	（　　　）	22,000

■第3問（35点）

当社（会計期間は x5 年 4 月 1 日から x6 年 3 月 31 日までの 1 年間）の（1）決算整理前残高試算表および（2）決算整理事項等にもとづいて、下記の問いに答えなさい。なお、消費税の仮受け・仮払いは、売上時、仕入時のみに行うものとし、（2）決算整理事項等の 6. 以外は消費税を考慮しない。

問1　答案用紙の決算整理後残高試算表を完成しなさい。
問2　当期純利益または当期純損失の金額を答えなさい。なお、当期純損失の場合は金額の頭に△を付すこと。

(1)

決算整理前残高試算表

借方	勘定科目	貸方
640,000	現　　　　　　金	
760,000	普　通　預　金	
700,000	売　　掛　　金	
30,000	仮　　払　　金	
530,000	仮　払　消　費　税	
63,000	仮　払　法　人　税　等	
170,000	繰　越　商　品	
600,000	備　　　　　　品	
300,000	貸　　付　　金	
	買　　掛　　金	460,000
	仮　　受　　金	30,000
	仮　受　消　費　税	840,000
	貸　倒　引　当　金	9,000
	借　　入　　金	500,000
	減価償却累計額	375,000
	資　　本　　金	1,000,000
	繰越利益剰余金	300,000
	売　　　　　上	8,400,000
	受　取　利　息	9,000
5,300,000	仕　　　　　入	
745,000	発　　送　　費	
180,000	支　払　家　賃	
38,000	租　税　公　課	
1,867,000	その他の費用	
11,923,000		11,923,000

(2) 決算整理事項等

1. 仮受金はかつて倒産した得意先に対する売掛金に掛かる入金であることが判明した。なお、この売掛金は前期に貸倒処理済みである。

2. 当社では商品の発送費（当社負担）について、1か月分をまとめて翌月に支払う契約を配送業者と結んでいる。x6年3月分の発送費は60,000円であったため、期末に費用計上する。

3. 売掛金の期末残高に対して2%の貸倒引当金を差額補充法により設定する。

4. 期末商品棚卸高は188,000円である。

5. 備品について、残存価額ゼロ、耐用年数8年として定額法で減価償却を行う。

6. 消費税の処理（税抜方式）を行う。

7. 貸付金はx5年10月1日に期間1年、利率年3%の条件で貸し付けたものであり、利息は貸付時に全額受け取っている。そこで、利息について月割により適切に処理する。

8. 仮払金はx6年4月分と5月分の2か月分の家賃がx6年3月28日に普通預金口座から引き落とされたものであることが判明した。そこで、家賃の前払分として処理する。

9. 法人税等が63,000円と計算されたので、仮払法人税等との差額を未払法人税等として計上する。

■第1問（45点）

下記の各取引について仕訳しなさい。ただし、勘定科目は、各取引の下の勘定科目から最も適当と思われるものを選び、記号で解答すること。

1. 以前借り入れのために振り出した約束手形 1,000,000 円が返済期日になり、同額が当座預金口座から引き落とされ、手形の返却を受けた。
   ア．現金　イ．当座預金　ウ．支払手形　エ．借入金　オ．手形借入金
   カ．支払利息

2. 事務用のパソコン一式 600,000 円とコピー用紙 5,000 円を購入し、代金を普通預金口座から振り込んだ。
   ア．現金　イ．普通預金　ウ．備品　エ．未払金　オ．消耗品費　カ．雑費

3. 取引先に貸していた貸付金 1,000,000 円が利息 4,000 円とともに普通預金口座に振り込まれた。
   ア．普通預金　イ．貸付金　ウ．手形貸付金　エ．借入金　オ．支払利息
   カ．受取利息

4. 商品 400,000 円を販売し、代金はクレジットカードによって支払われた。なお、信販会社への手数料は 2% で入金時に計上する。
   ア．売掛金　イ．未収入金　ウ．クレジット売掛金　エ．支払手数料
   オ．仕入　カ．売上

5. 新店舗を借り入れるために、不動産会社に家賃 1 か月分 300,000 円、敷金 300,000 円および手数料 300,000 円を現金で支払った。
   ア．現金　イ．当座預金　ウ．差入保証金　エ．預り金　オ．支払家賃
   カ．支払手数料

6. 商品 800,000 円を仕入れる契約を結び、内金として 80,000 円を現金で支払った。
   ア．現金　イ．当座預金　ウ．前払金　エ．買掛金　オ．未払金　カ．仕入

7. 販売用の中古車を 700,000 円で購入し、代金は来月末に支払うこととした。なお、当社は中古車販売業を営んでいる。
     ア．現金　　イ．車両運搬具　　ウ．備品　　エ．買掛金　　オ．未払金　　カ．仕入

8. 土地付き建物 5,000,000 円（うち建物 2,000,000 円、土地 3,000,000 円）を購入し、売買手数料（それぞれの代金の 3%）を加えた総額を普通預金口座から振り込むとともに引渡しを受けた。
     ア．現金　　イ．普通預金　　ウ．建物　　エ．土地　　オ．支払手数料
     カ．受取手数料

9. 先月の給料の支払いの際に源泉徴収した所得税 500,000 円を当座預金より支払った。
     ア．現金　　イ．当座預金　　ウ．預り金　　エ．未払法人税等　　オ．給料
     カ．租税公課

10. 月末に現金の実査を行ったところ、実際有高が 840,000 円で、帳簿残高が 830,000 円であることが判明したため、帳簿残高と実際有高とを一致させる処理を行うとともに、引き続き原因を調査することとした。なお、当社では、現金過不足の雑益または雑損勘定への振り替えは決算時に行うこととしている。
     ア．現金　　イ．普通預金　　ウ．現金過不足　　エ．雑益　　オ．通信費
     カ．雑損

11. 売掛金 300,000 円について、電子記録債権の発生記録が行われたとの連絡を受けた。
     ア．売掛金　　イ．未収入金　　ウ．電子記録債権　　エ．買掛金　　オ．未払金
     カ．電子記録債務

12. 建物の改築と修繕を行い、代金 10,000,000 円は来月末支払うことにした。このうち建物の資産価値を高める支出額（資本的支出）は 6,000,000 円であり、建物の現状を維持するための支出額（収益的支出）は 4,000,000 円である。
     ア．現金　　イ．未収入金　　ウ．建物　　エ．備品　　オ．未払金　　カ．修繕費

13. 収入印紙 6,000 円を購入し、代金は現金で支払った。なお、この収入印紙はただちに使用した。
     ア．現金　　イ．普通預金　　ウ．貯蔵品　　エ．通信費　　オ．租税公課
     カ．水道光熱費

14. 普通預金口座より現金 100,000 円を引き出し、お店の釣銭用に両替をして手数料 800 円を現金で支払った。
　　ア. 現金　　イ. 普通預金　　ウ. 支払手数料　　エ. 支払利息　　オ. 雑費
　　カ. 受取手数料

15. 給料を支払うため、社会保険料 50,000 円と所得税 30,000 円を控除した金額 800,000 円を当社の当座預金口座より従業員の普通預金口座に振り込んだ。
　　ア. 現金　　イ. 普通預金　　ウ. 当座預金　　エ. 給料　　オ. 社会保険料預り金
　　カ. 所得税預り金

■第2問（20点）

(1) 次の取引を答案用紙の当座預金勘定に転記し、月末の当座預金勘定の残高を求めなさい。なお、商品売買に関する記帳は3分法により行い、取引銀行とは 500,000 円を限度額とする当座借越契約を結んでいる。勘定記入にあたっては、摘要（相手勘定科目）、金額を（　）内に取引日順に記入すること。ただし、日付については採点対象としない。月末残高は金額の後に、借方残高か、貸方残高かを示すこと。

4月4日　　小切手 300,000 円を振り出し、現金を引き出した。
　　8日　　商品 650,000 円を仕入れ、代金のうち 300,000 円は小切手を振り出して支払い、残額を掛とした。
　　15日　　売掛金 540,000 円の回収として、当座預金口座への入金があった。
　　21日　　買掛金 480,000 円の支払いのため、小切手を振り出した。
　　24日　　商品 670,000 円を売り上げ、代金として先方振り出しの小切手を受け取り、ただちに当座預金に預け入れた。
　　27日　　店舗用の電話代 53,000 円が当座預金口座より引き落とされた。
　　30日　　買掛金の代金の支払いのため振り出した約束手形 400,000 円の支払期日が到来し、当座預金口座から引落しが行われた。

(2) 当店は、日々の取引を入金伝票、出金伝票および振替伝票に記入し、これを1日分ずつ集計して仕訳日計表を作成している。
　　下記に示された 10月 27日の伝票にもとづき、1. 仕訳日計表を作成しなさい。また、2. 出金伝票 No. 202 および振替伝票 No. 302 が1つの取引を記録したものだとした場合、この取引で仕入れた商品の金額を求めなさい。

入金伝票	No. 101
売上	40,000

入金伝票	No. 102
受取手数料	12,000

出金伝票	No. 201
仕入	5,000

出金伝票	No. 202
仕入	8,000

振替伝票		No. 301
売掛金 （品川商店）	80,000	
売上		80,000

振替伝票		No. 302
仕入	56,000	
買掛金 （新宿商店）		56,000

■第3問（35点）

会計期間を x5 年 4 月 1 日から x6 年 3 月 31 日までとする CS 商事の x5 年度末における、次の〔決算日に判明した事項〕および〔決算整理事項〕にもとづいて、答案用紙の精算表を完成しなさい。

〔決算日に判明した事項〕

(1) 現金過不足につき、その原因を調査したところ通信費 2,000 の記帳漏れが判明した。しかし、残額については原因不明のため適切な処理を行う。

(2) 得意先から商品の内金 20,000 円を現金で受け取っていたが、これを売掛金の回収として処理していたことが判明した。

(3) 仮払金は全額備品の購入金額であることが判明した。なお、備品は 1 月 1 日に引渡しを受けすぐに使用を始めた。

〔決算整理事項〕

(1) 期末商品棚卸高は 48,000 円である。売上原価は「売上原価」の行で計算すること。

(2) 受取手形及び売掛金の期末残高に対して 4%の貸倒引当金を差額補充法により設定する。

(3) 建物および備品について定額法によって減価償却を行う。なお、当期中に取得した備品については月割りで減価償却費を計上する。

建物	残存価額：取得原価の 10%	耐用年数：30 年
備品	残存価額：ゼロ	耐用年数：5 年

(4) 郵便切手の未使用高は 1,680 円である。

(5) 保険料のうち 12,000 円は、8 月 1 日に支払った建物に対する 1 年分の火災保険料である。よって未経過分を月割計算により計算する。

(6) 貸付金は、12 月 1 日に貸付期間 1 年、利率年 1.2%の条件で貸し付けたもので、利息は返済時に一括して受け取ることになっている。なお、利息の計算は月割りによる。

■ 第1問 (45点)

下記の各取引について仕訳しなさい。ただし、勘定科目は、各取引の下の勘定科目から最も適当と思われるものを選び、記号で解答すること。

1. 損益勘定の記録によると、当期の収益総額は 3,560,000 円で費用総額は 2,940,000 円であった。この差額を繰越利益剰余金勘定へ振り替える。
   ア. 繰越利益剰余金　　イ. 現金　　ウ. 売上　　エ. 損益　　オ. 仕入
   カ. 当期純利益

2. 備品 400,000 円を購入し、代金は小切手を振り出して支払った。ただし、当社の当座預金の残高は 250,000 円であるが、借入限度額 400,000 円の当座借越契約を結んでいる。
   ア. 仕入　　イ. 備品　　ウ. 未払金　　エ. 現金　　オ. 当座預金　　カ. 買掛金

3. 取引銀行から借り入れていた 1,000,000 円の支払期日が到来したため、元利合計を普通預金口座から返済した。なお、借入れにともなう利率は年 2.92%、借入期間は 91 日間であり、利息は 1 年を 365 日として日割計算する。
   ア. 現金　　イ. 普通預金　　ウ. 借入金　　エ. 支払利息　　オ. 支払手数料
   カ. 受取利息

4. 所得税の源泉徴収額 35,000 円を普通預金口座から納付した。
   ア. 現金　　イ. 普通預金　　ウ. 当座預金　　エ. 給料　　オ. 預り金
   カ. 租税公課

5. 得意先より商品 300,000 円の注文があり、手付金として得意先振出の小切手 30,000 円を受け取り、直ちに当座預金に預け入れた。
   ア. 現金　　イ. 普通預金　　ウ. 当座預金　　エ. 仮受金　　オ. 前受金
   カ. 前払金

6. 前期の決算において未払利息 36,000 円を計上していたので、本日 (当期首)、再振替仕訳を行った。
   ア. 未払利息　　イ. 未収利息　　ウ. 受取利息　　エ. 前受利息　　オ. 前払利息
   カ. 支払利息

7. 品川商店へ商品 600,000 円を売り上げ、代金のうち 200,000 円は当社振り出しの小切手で受け取り、残額は現金で受け取った。
　　ア. 現金　　イ. 普通預金　　ウ. 当座預金　　エ. 売掛金　　オ. 売上　　カ. 仕入

8. 旅費交通費支払用の IC カードに現金 10,000 円を入金し、仮払金として処理した。
　　ア. 現金　　イ. 普通預金　　ウ. 旅費交通費　　エ. 仮払金　　オ. 売上
　　カ. 仕入

9. 取引銀行から 500,000 円を借り入れ、利息 3,000 円を差し引かれた残額が普通預金口座に振り込まれた。
　　ア. 現金　　イ. 普通預金　　ウ. 貸付金　　エ. 支払利息　　オ. 受取利息
　　カ. 借入金

10. 渋谷商店に商品 430,000 円を売り上げ、代金については注文時に同店から受け取った手付金 30,000 円と相殺し、残額を掛けとした。なお、当社負担の発送費 5,000 円は現金で支払った。
　　ア. 現金　　イ. 発送費　　ウ. 売掛金　　エ. 売上　　オ. 前払金　　カ. 前受金

11. 決算時において金庫内を調べた結果、収入印紙 3,000 円と郵便切手 2,100 円が残っていたので、翌期へ繰越処理をおこなう。なお、収入印紙、郵便切手とも購入時、費用処理している。
　　ア. 現金　　イ. 小口現金　　ウ. 貯蔵品　　エ. 通信費　　オ. 雑費
　　カ. 租税公課

12. 原宿商店に対する売掛金 15,000 円（前期販売分）について、7,000 円を現金で回収し、残額については貸倒れとして処理した。なお、貸倒引当金の残高は￥3,000 である。
　　ア. 現金　　イ. 売掛金　　ウ. 償却債権取立益　　エ. 貸倒引当金　　オ. 貸倒損失
　　カ. 貸倒引当金繰入

13. 先月に新宿商店から掛けで仕入れた商品 20,000 円を品違いのため返品し、同店に対する掛代金から差し引いた。
　　ア. 現金　　イ. 売掛金　　ウ. 当座預金　　エ. 買掛金　　オ. 売上　　カ. 仕入

14. 買掛金 80,000 円を、田町商店振り出しの小切手 30,000 円と、残額は小切手を振り出して支払った。

　　ア．現金　　イ．普通預金　　ウ．当座預金　　エ．売掛金　　オ．仕入

　　カ．買掛金

15. 現金の実際有高が帳簿残高より 6,000 円不足していたため現金過不足勘定で処理していたが、決算において旅費交通費 5,000 円が記入漏れとなっていたことが判明したが、残額は原因が不明なので適切な処理をした。

　　ア．現金　　イ．現金過不足　　ウ．仮払金　　エ．旅費交通費　　オ．雑損

　　カ．雑益

■第2問（20点）

(1) 次の仕入帳と売上帳の記録にもとづいて、A品について商品有高帳を作成し締め切りなさい。なお、商品の払出単価の決定は移動平均法により行い、摘要欄は取引の概要を記入する。ただし、仕入戻しについては払出欄に商品を仕入れたときの単価で記入すること。

仕入帳

x5 年		摘要	金額
8	6	新宿商店　　　　　約手	
		A品 20 個 @ 240 円	4,800
	15	渋谷商店　　　　　　掛	
		A品 15 個 @ 250 円	3,750
	24	**渋谷商店　掛・返品**	
		A品 5 個 @ 250 円	**1,250**
	30	原宿商店　　　　　現金	
		B品 16 個 @ 270 円	4,320

売上帳

x5 年		摘要	金額
8	9	品川商店　　　　　　掛	
		A品 20 個 @ 350 円	7,000
	28	田町商店　　　　　　掛	
		A品 15 個 @ 350 円	5,250

(2) 当社（会計期間は x5 年 4 月 1 日から x6 年 3 月 31 日までの 1 年間）における家賃の支払いの取引と決算整理事項にもとづいて、答案用紙の支払家賃勘定と前払家賃勘定に必要な記入をして締め切りなさい。なお、勘定記入にあたっては、摘要および金額を（　）内に取引日順に記入すること。ただし、日付については採点の対象としない。また、摘要欄に記入する語句は［語群］から最も適当と思われるものを選び、記号で解答すること。

5月26日　　6か月分（6月〜11月）の家賃600,000円を普通預金口座から支払った。

11月27日　　6か月分(12月〜5月)の家賃840,000円を普通預金口座から支払った。なお、12月から家賃は値上がりした。

3月31日　　決算につき、家賃の前払分を月割で次期に繰り延べた。

4月1日　　前期から繰り延べられた前払家賃を再振替した。

[語群]　ア．現金　　イ．普通預金　　ウ．前払家賃　　エ．未払家賃　　オ．支払家賃

　　　　カ．諸口　　キ．前期繰越　　ク．次期繰越　　ケ．損益　　コ．繰越利益剰余金

次の（1）決算整理前残高試算表と（2）決算整理事項にもとづいて、答案用紙の貸借対照表と損益計算書を完成しなさい。なお、会計期間はx5年4月1日からx6年3月31日までの1年間である。

（1）

決算整理前残高試算表

借方	勘定科目	貸方
377,000	現　　　　金	
358,000	当 座 預 金	
643,000	売 　掛　 金	
184,000	繰 越 商 品	
400,000	備　　　　品	
300,000	土　　　　地	
	買 　掛 　金	424,500
	仮 　受 　金	43,000
	借 　入 　金	500,000
	貸 倒 引 当 金	11,000
	減価償却累計額	160,000
	資 　本 　金	500,000
	繰越利益剰余金	130,000
	売　　　　上	3,520,000
	受 取 手 数 料	78,000
1,708,000	仕 　　　　入	
726,000	給　　　　料	
560,000	支 払 家 賃	
80,000	水 道 光 熱 費	
23,000	通 　信 　費	
7,500	支 払 利 息	
5,366,500		5,366,500

（2）決算整理事項

1. 決算日における現金の実際在高は369,000円であった。帳簿残高との差額のうち4,300円については通信費の記入漏れであることが判明したが、残額については原因不明なので、雑損または雑益として処理する。

2. 仮受金は、その全額が売掛金の回収であることが判明した。

3. 3月1日に、土地300,000円を購入し、代金は2か月後に支払うこととした。購入時に以下の仕訳をしていたので、適正に修正する。

（借）土地 300,000　（貸）買掛金 300,000

4. 売掛金の期末残高に対して3%の貸倒引当金を差額補充法により設定する。

5. 期末商品棚卸高は167,000円である。

6. 備品について、残存価額ゼロ、耐用年数5年として定額法で減価償却を行う。

7. 12月1日に、12月から翌期5月分までの6か月分の家賃240,000円を支払い、その全額を支払家賃として処理した。従って、未経過分を月割で処理した。

8. 借入金（利率は年2%）について、3か月分の未払利息を計上する。

9. 手数料の未収分が24,000円ある。

■第1問

	仕 訳			
	借方科目	金 額	貸方科目	金 額
1				
2				
3				
4				
5				
6				
7				

8			
9			
10			
11			
12			
13			
14			
15			

■第2問

(1)

日付 帳簿		現金 出納帳	当座預金 出納帳	売掛金元帳 (得意先元帳)	買掛金元帳 (仕入先元帳)	仕入帳	売上帳	商品 有高帳	受取手形 記入帳	支払手形 記入帳
5	7									
	11									
	19									
	25									
	31									

(2)

①		②		③	
④		⑤			

■第3問

問1

決算整理後残高試算表

借方	勘定科目	貸方
	現　　　　　金	
	普　通　預　金	
	売　　掛　　金	
	繰　越　商　品	
	（　　　）家　賃	
	備　　　　　品	
	貸　　付　　金	
	買　　掛　　金	
	未　　払　　金	
	（　　　）消費税	
	未　払　法　人　税	
	（　　　）利　息	
	貸　倒　引　当　金	
	借　　入　　金	
	減　価　償　却　累　計　額	
	資　　本　　金	
	繰　越　利　益　剰　余　金	
	売　　　　　上	
	受　取　利　息	
	（　　　　　　　）	
	仕　　　　　入	
	発　　送　　費	
	支　払　家　賃	
	租　税　公　課	
	貸　倒　引　当　金　繰　入	
	減　価　償　却　費	
	そ　の　他　費　用	
	法　人　税　等	

問2 （　　　　　　　　　）

■第1問

	仕 訳			
	借方科目	金額	貸方科目	金額
1				
2				
3				
4				
5				
6				
7				

8				
9				
10				
11				
12				
13				
14				
15				

■ 第2問

(1)

当 座 預 金

4/ 1	前期繰越	150,000	4/ ( )	( )	( )
( )	( )	( )	( )	( )	( )
( )	( )	( )	( )	( )	( )
			( )	( )	( )
			( )	( )	( )

月末残高 （　　　　）円 （　）残高

(2)

1.

仕 訳 日 計 表
x5 年 10 月 27 日

借方	勘定科目	貸方
	現　　金	
	売 掛 金	
	買 掛 金	
	売　　上	
	受 取 手 数 料	
	仕　　入	

2. 出金伝票№ 202 および振替伝票№ 302 で記録された取引において仕入れた商品の金額
（　　　　　　　　）円

208

精算表

勘定科目	残高試算表 借方	残高試算表 貸方	修正記入 借方	修正記入 貸方	損益計算書 借方	損益計算書 貸方	貸借対照表 借方	貸借対照表 貸方
現　　　　金	82,000							
現 金 過 不 足	3,000							
当 座 預 金	324,000							
受 取 手 形	76,000							
売 掛 金	114,000							
仮 払 金	400,000							
繰 越 商 品	45,000							
貸 付 金	400,000							
建　　　　物	2,500,000							
備　　　　品	300,000							
土　　　　地	1,300,000							
支 払 手 形		79,000						
買 掛 金		109,000						
前 受 金		25,000						
貸 倒 引 当 金		2,000						
建物減価償却累計額		1,125,000						
備品減価償却累計額		180,000						
資 本 金		3,000,000						
繰 越 利 益 剰 余 金		590,000						
売　　　　上		1,136,000						
仕　　　　入	520,000							
給　　　　料	148,000							
通 信 費	12,000							
消 耗 品 費	6,000							
保 険 料	16,000							
	6,246,000	6,246,000						
雑　　（　　　）								
売 上 原 価								
貸 倒 引 当 金 繰 入								
減 価 償 却 費								
貯 蔵 品								
（　　）保 険 料								
（　　）利 息								
受 取 利 息								
当 期 純 （　　）								

■第1問

	仕　訳			
	借方科目	金額	貸方科目	金額
1				
2				
3				
4				
5				
6				
7				

8				
9				
10				
11				
12				
13				
14				
15				

■第2問（20点）

(1)

商品有高帳

移動平均法　　　　　　　　　　　A品　　　　　　　　　　単位：個

x5年		摘要	受入			払出			残高		
			数量	単価	金額	数量	単価	金額	数量	単価	金額
8	1	前月繰越	10	210	2,100						
	31	次月繰越									

(2)

支 払 家 賃

4/ 1	前払家賃	200,000	(	)	(	)	(	)
( )	( )	( )	(	)	(	)	(	)
( )	( )	( )						
		( )					(	)
( )	( )	( )						

前 払 家 賃

4/ 1	前期繰越	200,000	4/ 1	支払家賃	200,000
( )	( )	( )	( )	( )	( )
		( )			( )
( )	( )	( )	( )	( )	( )

貸 借 対 照 表
x6 年 3 月 31 日 　　　　　　　　　　　(単位：円)

現　　　　金		(　　　)	買　掛　金	(　　　)
当 座 預 金		(　　　)	(未 払 金)	(　　　)
売　掛　金	(　　　)		未 払 費 用	(　　　)
(　　　　)	(　　　)	(　　　)	借　入　金	(　　　)
商　　　品		(　　　)	資　本　金	500,000
前 払 費 用		(　　　)	繰越利益剰余金	(　　　)
未 収 収 益		(　　　)		
備　　　品	(　　　)			
減価償却累計額	(　　　)	(　　　)		
土　　　地		(　　　)		
		(　　　)		(　　　)

損 益 計 算 書
x5 年 4 月 1 日から x6 年 3 月 31 日まで　　　　　(単位：円)

売 上 原 価	(　　　)	売　上　高	3,520,000
給　　　料	(　　　)	受 取 手 数 料	(　　　)
貸倒引当金繰入	(　　　)		
減 価 償 却 費	(　　　)		
支 払 家 賃	(　　　)		
水 道 光 熱 費	(　　　)		
通　信　費	(　　　)		
雑 (　　　)	(　　　)		
支 払 利 息	(　　　)		
当期純 (　　　)	(　　　)		
	(　　　)		(　　　)

索引 (さくいん)

■ **著者プロフィール**

長屋 信義（ながや・のぶよし）

産業能率大学情報マネジメント学部を定年退職後、産業能率大学、専修大学で非常勤講師
担当授業　財務諸表論、原価計算論、原価管理論
専門は、管理会計、原価管理、原価計算

ビジネス演習④
簿記3級 ワークブック

2023年12月20日　初版第1刷発行

著　者	長屋 信義
発行人	石塚 勝敏
発　行	株式会社 カットシステム

〒169-0073 東京都新宿区百人町4-9-7　新宿ユーエストビル8F
TEL　（03）5348-3850　　FAX　（03）5348-3851
URL　https://www.cutt.co.jp/
振替　00130-6-17174

印　刷　シナノ書籍印刷 株式会社

本書に関するご意見、ご質問は小社出版部宛まで文書か、sales@cutt.co.jp 宛に e-mail でお送りください。電話によるお問い合わせはご遠慮ください。また、本書の内容を超えるご質問にはお答えできませんので、あらかじめご了承ください。

Cover design Y.Yamaguchi　　　　Copyright©2023　長屋 信義
Printed in Japan　978-4-87783-704-4

30ステップで基礎から実践へ！

●ステップバイステップ方式で確実な学習効果！！

留学生向けのルビ付きテキスト（漢字にルビをふってあります）

情報演習 C ステップ 30　（Windows 10 版）
留学生のためのタイピング練習ワークブック
ISBN978-4-87783-800-3／定価 880円 税10%

情報演習 49 ステップ 30
留学生のための Word 2019 ワークブック
ISBN978-4-87783-789-1／定価 990円 税10% 本文カラー

情報演習 50 ステップ 30
留学生のための Excel 2019 ワークブック
ISBN978-4-87783-790-7／定価 990円 税10% 本文カラー

情報演習 51 ステップ 30
留学生のための PowerPoint 2019 ワークブック
ISBN978-4-87783-791-4／定価 990円 税10% 本文カラー

情報演習 69 ステップ 30
留学生のための Word 2021 ワークブック
ISBN978-4-87783-855-3／定価 990円 税10% 本文カラー

情報演習 70 ステップ 30
留学生のための Excel 2021 ワークブック
ISBN978-4-87783-856-0／定価 990円 税10% 本文カラー

情報演習 71 ステップ 30
留学生のための PowerPoint 2021 ワークブック
ISBN978-4-87783-857-7／定価 990円 税10% 本文カラー

情報演習 47 ステップ 30
留学生のための HTML5 & CSS3 ワークブック
ISBN978-4-87783-808-9／定価 990円 税10%

情報演習 48 ステップ 30
留学生のための JavaScript ワークブック
ISBN978-4-87783-807-2／定価 990円 税10%

情報演習 43 ステップ 30
留学生のための Python [基礎編] ワークブック
ISBN978-4-87783-806-5／定価 990円 税10%／A4判

留学生向けドリル形式のテキストシリーズ

情報演習 52
留学生のための Word 2019 ドリルブック
ISBN978-4-87783-792-1／定価 990円 税10% 本文カラー

情報演習 53
留学生のための Excel 2019 ドリルブック
ISBN978-4-87783-793-8／定価 990円 税10% 本文カラー

情報演習 54
留学生のための PowerPoint 2019 ドリルブック
ISBN978-4-87783-794-5／定価 990円 税10% 本文カラー

ビジネス演習ワークブック

ビジネス演習 2
留学生のための簿記初級ワークブック
ISBN978-4-87783-702-0／定価 990円 税10%

タッチタイピングを身につける

情報演習 B ステップ 30
タイピング練習ワークブック Windows 10 版
ISBN978-4-87783-838-6／本体 880円 税10%

Office のバージョンに合わせて選べる

情報演習 55 ステップ 30
Word 2019 ワークブック 本文カラー
ISBN978-4-87783-842-3／定価 990円 税10%

情報演習 56 ステップ 30
Excel 2019 ワークブック 本文カラー
ISBN978-4-87783-843-0／定価 990円 税10%

情報演習 57 ステップ 30
PowerPoint 2019 ワークブック 本文カラー
ISBN978-4-87783-844-7／定価 990円 税10%

情報演習 63 ステップ 30
Word 2021 ワークブック 本文カラー
ISBN978-4-87783-849-2／定価 990円 税10%

情報演習 64 ステップ 30
Excel 2021 ワークブック 本文カラー
ISBN978-4-87783-850-8／定価 990円 税10%

情報演習 65 ステップ 30
PowerPoint 2021 ワークブック 本文カラー
ISBN978-4-87783-851-5／定価 990円 税10%

Photoshop を基礎から学習

情報演習 30 ステップ 30
Photoshop CS6 ワークブック 本文カラー
ISBN978-4-87783-831-7／定価 1,100円 税10%

ホームページ制作を基礎から学習

情報演習 35 ステップ 30
HTML5 & CSS3 ワークブック [第 2 版]
ISBN978-4-87783-840-9／定価 990円 税10%

情報演習 36 ステップ 30
JavaScript ワークブック [第 3 版]
ISBN978-4-87783-841-6／定価 990円 税10%

コンピュータ言語を基礎から学習

情報演習 31 ステップ 30
Excel VBA ワークブック
ISBN978-4-87783-835-5／定価 990円 税10%

情報演習 6 ステップ 30
C 言語ワークブック
ISBN978-4-87783-820-1／本体 880円 税10%

情報演習 7 ステップ 30
C++ ワークブック
ISBN978-4-87783-822-5／本体 880円 税10%

情報演習 33 ステップ 30
Python [基礎編] ワークブック
ISBN978-4-87783-837-9／定価 990円 税10%

ビジネス演習ワークブック

ビジネス演習 1
簿記初級ワークブック
ISBN978-4-87783-701-3／定価 990円 税10%

この他のワークブック、内容見本などもございます。
詳細はホームページをご覧ください
https://www.cutt.co.jp/

3級商業簿記出題論点

1 簿記の基本原理

● 基礎概念
- 資産、負債、および資本
- 収益、費用
- 損益計算書と貸借対照表との関係

● 取引
- 取引の意義と種類
- 取引の8要素と結合関係

● 勘定
- 勘定の意義と分類
- 勘定記入法則
- 仕訳の意義
- 貸借平均の原理

● 帳簿
- 主要簿（仕訳帳と総勘定元帳）
- 補助簿

● 証ひょうと伝票
- 証ひょう
- 伝票（入金、出金、振替の各伝票）
- 伝票の集計・管理

2 諸取引の処理

● 現金預金
- 現金
- 現金出納帳
- 現金過不足
- 当座預金、その他の預貯金（複数口座を開設している場合の管理を含む）
- 当座預金出納帳
- 小口現金
- 小口現金出納帳

● 売掛金と買掛金
- 売掛金、買掛金
- 売掛金元帳と買掛金元帳

● その他の債権と債務等
- 貸付金、借入金
- 未収入金、未払金
- 前払金、前受金
- 立替金、預り金
- 仮払金、仮受金
- 受取商品券
- 差入保証金

● 手形
- 振出、受入、取立、支払
- 電子記録債権・電子記録債務
- 受取手形記入帳と支払手形記入帳
- 手形貸付金、手形借入金

● 債権の譲渡
- クレジット売掛金

● 引当金
- 貸倒引当金（実績法）

● 商品の売買
- 3分（割）法による売買取引の処理
- 品違い等による仕入および売上の返品
- 仕入帳と売上帳
- 商品有高帳（先入先出法、移動平均法）

● 有形固定資産
- 有形固定資産の取得
- 有形固定資産の売却
- 減価償却（間接法）（定額法）
- 固定資産台帳

● 収益と費用
- 受取手数料、受取家賃、受取地代、受取利息、償却債権取立益など
- 給料、法定福利費、広告宣伝費、旅費交通費、通信費、消耗品費、水道光熱費、支払家賃、支払地代、雑費、貸倒損失、支払利息など

● 税金
- 固定資産税など
- 法人税・住民税・事業税
- 消費税（税抜方式）

3 決算

● 試算表の作成
● 精算表（8桁）
● 決算整理
- 当座借越の振替
- 商品棚卸
- 貸倒見積り
- 減価償却
- 貯蔵品棚卸
- 収益・費用の前受け・前払いと未収・未払い
- 月次決算による場合の処理

● 決算整理後残高試算表
● 収益と費用の損益勘定への振替
● 純損益の繰越利益剰余金勘定への振替
● 帳簿の締切
- 仕訳帳と総勘定元帳（英米式決算法）
- 補助簿

● 損益計算書と貸借対照表の作成（勘定式）

4 株式会社会計

● 資本金
- 設立
- 増資

● 利益剰余金
- 利益準備金
- その他利益剰余金　繰越利益剰余金

● 剰余金の配当など
- 剰余金の配当